RAJNEESH
VERLAG · KÖLN

Bhagwan Shree Rajneesh ist ein erleuchteter Meister unserer Zeit.
Alle hier gedruckten Worte sind gesprochene Worte,
aus dem Stegreif an eine anwesende Hörerschaft gerichtet.
Die Übersetzung sucht dem
freien Vortragsstil möglichst genau Rechnung zu tragen.

BHAGWAN
SHREE
RAJNEESH

LEBEN
LIEBEN
LACHEN

Deutsche Erstausgabe: März 1988
Rajneesh Verlags GmbH
Venloer Str. 5-7
5000 Köln 1

Printed in Germany
ISBN 3-925 205-29-2

INHALTSVERZEICHNIS

TEIL I – LEBEN

TEIL II – LIEBEN

TEIL III – LACHEN

TEIL I

LEBEN

Leben ist ein Ding der Unmöglichkeit.
Es dürfte eigentlich nicht da sein,
aber es ist da.
Es ist ein Wunder, daß wir da sind,
daß die Bäume da sind,
daß die Vögel da sind.
Es ist wirklich ein Wunder:
wo doch das ganze Universum tot ist!
Abermillionen von Sternen und Abermillionen von
Sonnensystemen sind tot.
Nur auf diesem kleinen Planeten Erde, diesem Nichts
– im Verhältnis gesehen,
ist sie gerade ein Staubkörnchen –
hat sich Leben ereignet.
Dies ist der begnadetste Ort in der ganzen Existenz.
Vögel singen, Bäume wachsen und blühen,
Menschen sind da und lieben und singen und tanzen.
Etwas schier Unglaubliches hat sich ereignet.

Bhagwan Shree Rajneesh

VERRÜCKT SEIN HEISST VERNÜNFTIG SEIN

Die Welt hat schon so schöne, verrückte Menschen gesehen! Genauer gesagt, *alle* großen Menschen der Welt sind ein klein wenig verrückt gewesen – verrückt in den Augen der Welt. Man nannte sie verrückt, weil sie nicht unglücklich waren, weil sie nicht in Angst lebten, keine Angst vorm Tod hatten, sich keine Sorgen um Kleinigkeiten machten. Sie lebten jeden Moment aus, mit Rückhaltlosigkeit und Intensität, und durch diese Rückhaltlosigkeit und Intensität wurde ihr Leben zu einer wunderschönen Blüte – sie waren voller Duft, voller Liebe und Leben und Lachen.

Aber das kränkt natürlich Millionen Leute, die um dich herum sind. Sie können den Gedanken nicht zulassen, daß du etwas erreicht hast, was sie verpaßt haben; sie werden alles versuchen, um dich herunterzuziehen. Ihre Mißbilligung ist nichts anderes als der Versuch, dich unglücklich zu machen, dir deinen Tanz zu verderben, dir deine Freude zu nehmen, damit du dich wieder in die Herde einreihen kannst.

Man muß seinen Mut zusammennehmen – und wenn die Leute behaupten, du bist verrückt, dann freu dich bei dem Gedanken. Sag ihnen: „Ihr habt recht – in dieser Welt können nur verrückte Leute froh und glücklich sein. Ich habe die Verrücktheit gewählt und damit Freude, Glück und Tanz; ihr habt die Vernunft gewählt und damit Unglück, Angst und Hölle – unsere Geschmäcker sind verschieden. Seid ihr nur klug und bleibt unglücklich; aber laßt mich in meiner Verrückheit zufrieden. Fühlt euch dadurch nicht beleidigt. Ich empfinde euch alle auch nicht als Beleidigung – so viele vernünftige Menschen auf der Welt, und ich empfinde es nicht als Beleidigung!

Es ist nur eine Frage der Zeit, von ganz wenig Zeit... Sehr bald, wenn sie dich als verrückt akzeptiert haben, werden sie dich nicht mehr belästigen; dann kannst du ins volle Licht treten mit deinem ursprünglichen Wesen, kannst du alles Unechte an dir fallen lassen.

Unsere ganze Erziehung schafft eine Spaltung mitten durch unser Bewußtsein. Wir müssen der Gesellschaft, der Masse, der Welt ein bestimmtes Gesicht zeigen – dein wahres Gesicht braucht es nicht zu sein; vielmehr darf es gar nicht dein wahres Gesicht sein. Du darfst nur das Gesicht zeigen, das die Leute sehen wollen, das die Leute gut finden, das für sie, für ihre Ideologien, für ihre Traditionen akzeptabel ist – und dein eigentliches Gesicht mußt du für dich behalten.

Diese Spaltung wird so unüberbrückbar, weil du die meiste Zeit in der Masse bist, Leute triffst, mit Leuten zu tun hast. Nur ganz selten bist du allein. Natürlich wird dann die Maske immer mehr Teil von dir, mehr noch als dein wirkliches Wesen selbst.

Und die Gesellschaft weckt in jedem eine bestimmte Angst – die Angst vor Zurückweisung, die Angst, jemand könnte über dich lachen, die Angst, dein Ansehen zu verlieren, die Angst davor, was die Leute wohl sagen werden. Du mußt dich an lauter blinde und unbewußte Leute anpassen, du darfst nicht du selber sein. Das ist unsere allererste Tradition bis heute, überall auf der Welt: daß niemand einfach er selbst sein darf.

Sobald der andere ins Spiel kommt, geht es dir weniger um dich selbst; dir geht es mehr darum, was seine Meinung über dich sein wird.

Wenn du im Badezimmer allein bist, wirst du fast zum Kind, schneidest du manchmal Fratzen vorm Spiegel. Aber wenn dir plötzlich bewußt wird, daß jemand durchs Schlüsselloch guckt, und sei es nur ein kleines Kind, änderst du dich augenblicklich, wirst du wieder dein normales, altes Selbst – ernst, nüchtern, so wie es die Leute von dir erwarten.

Und das Erstaunliche ist, daß du vor diesen Leuten Angst hast und sie vor dir Angst haben – jeder hat vor jedem Angst. Niemand läßt seine Gefühle zu, seine Realität, seine Authentizität. Dabei will es jeder, denn es ist ausgesprochener Selbstmord, ständig dein ursprüngliches Gesicht zu unterdrücken.

Allein deinem wahren Wesen bist du verantwortlich. Handle ihm nicht zuwider, weil dies Selbstmord bedeutet, Selbstzerstörung. Und was ist der Gewinn? Selbst wenn die Leute dir Achtung erweisen und glauben, daß du ein sehr besonnener, respektabler, ehrbarer Mensch bist: diese Dinge werden dein Wesen nicht nähren. Sie werden dir kein bißchen mehr Einsicht in das Leben und seine ungeheure Schönheit gewähren.

Du bist allein auf der Welt. Allein bist du auf die Welt gekommen, allein bist du hier, und allein wirst du die Welt verlassen. All ihre Meinungen werden zurückgelassen sein; nur deine ursprünglichen Gefühle, deine authentischen Erfahrungen werden noch über den Tod hinaus mit dir sein.

Selbst der Tod kann dir deinen Tanz, deine Freudentränen, die Reinheit deines Alleinseins, deine Stille, deine Heiterkeit, deine Ekstase nicht nehmen. Das, was der Tod dir nicht nehmen kann, ist der einzig wirkliche Schatz; und das, was dir von irgendwem genommen werden kann, ist kein Schatz – du läßt dich nur zum Narren halten.

Deine einzige Sorge sollte sein, jene Eigenschaften zu pflegen und zu schätzen, die du mitnehmen kannst, wenn der Tod deinen Körper, deinen Verstand zerstört – denn diese Eigenschaften werden deine einzigen Gefährten sein. Sie sind die einzig wahren Werte. Und die Menschen, die sie erlangen – sie allein sind lebendig; die anderen geben nur vor zu leben.

EINE EINSTELLUNG ZUM LEBEN: DER BESTE WEG, ES ZU VERPASSEN

Bhagwan,
ist es wichtig, eine bestimmte Lebenseinstellung zu haben?

Der sicherste Weg, das Leben zu verpassen ist, ihm gegenüber eine bestimmte Einstellung zu haben. Einstellungen kommen aus dem Verstand, und das Leben ist jenseits von Verstand. Einstellungen sind unser Werk, unsere Vorurteile, unsere Erfindungen. Das Leben ist nicht unser Werk; im Gegenteil, wir sind nur kleine Wellen auf dem See des Lebens.

Was für eine Einstellung kann eine Welle auf dem Ozean dem Ozean gegenüber haben? Was für eine Einstellung kann ein Grashalm der Erde gegenüber haben, dem Mond, der Sonne, den Sternen? Alle Einstellungen sind egoistisch, alle Einstellungen sind dumm.

Das Leben ist keine Philosophie, es ist keine Rechenaufgabe, es ist ein Mysterium. Du mußt nicht einem bestimmten Muster, nicht einer Konditionierung folgen, nicht dem, was man dir darüber erzählt hat, sondern du mußt von vorn anfangen, ganz bei Null.

Jeder einzelne Mensch sollte sich wie der erste Mensch auf Erden vorkommen: er ist Adam oder Eva. Dann kannst du dich öffnen, kannst du dich unendlichen Möglichkeiten öffnen. Dann bist du empfänglich, zugänglich; und je empfänglicher du bist, je zugänglicher du bist, desto größer ist die Chance, daß dir das Leben zufällt.

Deine Einstellungen funktionieren wie Schranken; dann erreicht dich das Leben nie so, wie es ist, sondern hat sich deiner

Philosophie, Religion, Ideologie anzupassen, und gerade durch diese Anpassung stirbt etwas in ihm. Was du danach in Händen hältst, ist ein Leichnam: er mag dir wie Leben scheinen, aber er ist es nicht.

Genau das haben die Menschen seit eh und je gemacht. Die Hindus leben nach der Hindu-Einstellung, die Mohammedaner nach der mohammedanischen Einstellung und die Kommunisten nach der kommunistischen Einstellung. Aber vergeßt eine grundlegende, fundamentale Wahrheit nicht: die Einstellung erlaubt euch nicht, mit dem Leben so in Kontakt zu kommen, wie es ist. Sie verzerrt, sie deutet.

Es gibt eine alte griechische Geschichte:

Ein despotischer König hatte ein schönes goldenes Bett, sehr wertvoll, bestückt mit Tausenden von Diamanten; und wann immer ein Gast im Palast war, bot er ihm das Bett an. Aber er hatte eine bestimmte Vorstellung: der Gast mußte zum Bett passen. Wenn der Gast ein bißchen länger war, dann stutzte ihn der König auf die richtige Größe zurecht. Das Bett war natürlich zu wertvoll, um geändert zu werden, also mußte der Gast nach dem Bett zugeschnitten werden – als ob das Bett nicht für den Gast existierte, sondern der Gast für das Bett!

Und es ist sehr selten, fast unmöglich, daß man einen Menschen findet, der genau in ein vorgefertigtes Bett paßt. Den Durchschnittsmenschen gibt es nicht, bedenkt das; der Durchschnittsmensch ist eine Fiktion, und das Bett war für den Durchschnittsmenschen gemacht. Der König war ein Mathematiker – es waren große Berechnungen vorausgegangen. Er hatte die Größe aller Bürger seiner Hauptstadt gemessen, und die wurde dann durch die Anzahl der Bürger dividiert; so war er zu einem festen Durchschnittswert gelangt. Nun, es gab kleine Kinder in der Hauptstadt, junge Leute, alte Leute, Zwerge, Riesen, aber der Durchschnitt war etwas völlig anderes. Es gab keine einzige Person in seiner ganzen Hauptstadt, die wirklich Durchschnitt war. Mir ist nie ein Durchschnittsmensch begegnet – der Durchschnittsmensch ist eine Fiktion.

Wer immer also Gast war, dem blühte Unheil. War er kürzer als das Bett, dann hatte der König große Ringer, um den Menschen zurechtzustrecken. Das muß der Anfang von Rolfing gewesen sein! Ida Rolf muß es von diesem König gelernt haben. Natürlich starb jeder Gast, aber das war nicht die Schuld des Königs – er tat alles mit den besten Absichten der Welt!

Wenn du eine bestimmte Einstellung zum Leben hast, wirst du das eigentliche Leben verfehlen. Das Leben ist unermeßlich, keine Einstellung kann es fassen; unmöglich, es in eine bestimmte Definition zu pressen. Deine Einstellung mag wohl einen bestimmten Aspekt abdecken, aber es ist nur ein Aspekt. Und der Verstand hat die Tendenz, das, was er sieht, zum Ganzen zu erklären, und sobald der Aspekt zum Ganzen erklärt wird, hast du bereits die eigentliche Verbindung zum Leben verfehlt. Dann lebst du eingehüllt in deine Einstellung, eingekapselt in einer Art Kokon, und du bist unglücklich. Das freut all eure sogenannten Religionen, denn genau das haben sie euch ja immer gesagt – daß das Leben ein Unglück ist.

Buddha sagt: Geburt ist Unglück, Jugend ist Unglück, Alter ist Unglück, Tod ist Unglück – das ganze Leben ist nichts als eine lange, lange Tragödie. Wenn du mit einer Einstellung beginnst, wirst du finden, daß Buddha vollkommen recht hat; du bist selbst ein Beweis dafür.

Aber ich möchte euch sagen, daß das Leben kein Unglück ist und daß ich absolut nicht einer Meinung bin mit Buddha. Das Leben wird zum Unglück, aber das ist euer Werk; ansonsten ist Leben ewige Freude. Aber um diese ewige Freude zu kennen, müßt ihr mit offenem Herzen, mit offenen Händen kommen.

Geht nicht mit geschlossenen, geballten Fäusten an das Leben heran. Macht eure Hände auf. Geht mit unendlicher Unschuld ins Leben hinein. Einstellungen sind schlau: du weißt schon Bescheid, ohne gekostet zu haben, ohne erfahren zu haben, ohne gelebt zu haben. Du hast schon bestimmte Schlüsse gezogen, und da diese Schlüsse schon a priori in dir sind, findest du sie natürlich vom Leben bestätigt. Nicht etwa, weil das Leben sie bestätigt, sondern weil dein ganzes Denken nach Mitteln und Wegen, Argumenten und Daten suchen wird, die sie stützen.

Ich lehre euch ein Leben ohne Einstellungen. Das ist einer der Grundpfeiler meiner Erfahrung: wenn du wirklich wissen willst, was ist, dann wirf jede Philosophie, jeden „ismus" weg. Dann gehe mit offenen Händen, völlig nackt in die Sonne hinaus, um nachzusehen, was ist.

In der Vergangenheit nahm man an, daß die Sinne wie Tore sind, daß die Realität von unseren Sinnen aus zu unserem innersten Sein gelangt. Jetzt beweist die jüngste Forschung etwas anderes: unsere Sinne sind nicht einfach nur Tore, sie sind auch Wächter. Nur zwei Prozent aller Informationen werden durchgelassen, 98 Prozent müssen draußenbleiben. Alles, was gegen deine Lebenseinstellung verstößt, wird ferngehalten, und nur zwei Prozent sickern durch.

Nun, ein nur zweiprozentiges Leben zu leben, heißt gar nicht zu leben. Wenn man hundertprozentig leben kann, warum sich dann für ein bloß zweiprozentiges Leben entscheiden?

Du fragst mich:

Ist es wichtig, eine bestimmte Lebenseinstellung zu haben?

Es ist nicht nur nicht wichtig, sondern auch gefährlich, eine Lebenseinstellung zu haben. Warum nicht dem Leben seinen Tanz, seinen Gesang lassen, ohne jede Erwartung? Warum können wir nicht ohne Erwartungen leben? Warum können wir nicht das, was ist, in dieser seiner Reinheit sehen? Warum sollten wir uns ihm aufzwingen? Und niemand wird der Verlierer sein. Wenn du dich dagegen dem Leben aufzwingst, wirst du der einzige Verlierer sein.

Es ist besser, das Leben nicht zu benennen, es ist besser, ihm keine Struktur zu geben, es ist besser, sein Ende offen zu lassen, es ist besser, es nicht zu kategorisieren, es nicht zu etikettieren. Dann wirst du die Dinge sehr viel schöner erfahren, wirst du die Dinge kosmisch erfahren; denn die Dinge sind nicht wirklich getrennt. Die Existenz ist ein orgasmisches Ganzes, sie ist eine organische Einheit. Der kleinste Grashalm, das kleinste Blatt an einem armseligen Baum ist so wichtig wie der größte Stern. Das kleinste Ding ist auch das größte, weil alles eine Einheit ist, weil alles die ganze Bandbreite enthält. Sobald du anfängst zu trennen, fängst du an, willkürliche Linien, Definitionen zu schaffen.

Und genau auf diese Art geht man am Leben und seinen Mysterien immer wieder vorbei. Wir alle haben Einstellungen; das ist es, was uns quält. Wir alle blicken von einem bestimmten Gesichtspunkt aus; darum verarmt unser Leben; denn jeder Gesichtspunkt kann höchstens eindimensional sein, und das Leben ist multidimensional. Du mußt flüssiger werden, fließender, mehr zergehen und schmelzen; du darfst kein Beobachter sein. Es gibt nichts, das gelöst werden muß! Nimm das Leben nicht als Rechenaufgabe; es ist ein außerordentlich schönes Mysterium. Trinke davon – es ist reiner Wein!

Werde daran zum Trunkenbold.

IM GASTHAUS „ZUM GEORG MIT DEM DRACHEN“

Bhagwan,
aber ist nicht das Leben am Ende doch nur Unglück?

Es kommt auf dich an. Das Leben an sich ist eine leere Leinwand; es wird, was immer du darauf malst. Du kannst Unglück malen, du kannst Glück malen.

Diese Freiheit ist deine Großartigkeit. Du kannst diese Freiheit so benutzen, daß dein ganzes Leben zu einer Hölle wird, oder auch so, daß dein Leben zu einer Sache von Schönheit, Segen, Glück wird, zu etwas Himmlischem. Es kommt ganz auf dich an; der Mensch hat volle Freiheit.

Darum gerade gibt es soviel Qual, denn die Menschen sind dumm, und sie wissen nicht, was sie auf die Leinwand malen sollen. Es kommt auf dich an: das ist das Großartige am Menschen. Das ist eines der größten Geschenke Gottes an dich. Keinem anderen Tier ist das Geschenk gemacht worden, frei zu sein; jedem Tier wird ein bereits festgelegtes Programm mitgegeben.

Alle Tiere sind vorprogrammiert, nur der Mensch nicht. Ein Hund bleibt zwangsläufig ein Hund, und zwar für immer; nichts anderes ist möglich, es gibt keine Freiheit. Er ist vorprogrammiert, alles ist eingebaut. Der Funktionsplan ist da, er wird ganz einfach diesem Plan folgen: er wird ein Hund sein. Es gibt für ihn keine Wahl, er hat keine Alternative. Er ist ein absolut fixiertes Wesen.

Abgesehen vom Menschen ist alles vorprogrammiert. Die Rose muß eine Rose sein, der Lotus muß ein Lotus sein, der Vogel wird Flügel haben, der Vierbeiner wird auf vier Beinen laufen.

Der Mensch ist vollkommen frei: das ist das Schöne am Menschen, das Großartige.

Das unermeßliche Geschenk Gottes ist Freiheit. Ihr seid unprogrammiert geblieben, ihr bringt keinen Funktionsplan mit. Ihr müßt euch selbst erschaffen, ihr müßt Selbst-Schöpfer sein. Es kommt also ganz auf dich an: du kannst ein Buddha werden, ein Bahaudin, oder du kannst ein Adolf Hitler werden, ein Benito Mussolini. Du kannst ein Mörder werden oder ein Meditierer.

Du kannst dir gestatten, zu einer wunderschönen Blüte des Bewußtseins zu werden, oder du kannst zum Roboter werden.

Aber denke daran, du bist verantwortlich – und nur du und niemand sonst.

Ein Optimist ist jemand, der morgens ans Fenster tritt und sagt: „Guten Morgen, Gott!"

Ein Pessimist ist jemand, der morgens ans Fenster tritt und sagt: „Guter Gott, schon wieder Morgen?"

Es kommt ganz auf dich an. Es ist derselbe Morgen, vielleicht dasselbe Fenster, vielleicht wohnen der Pessimist und der Optimist beide im selben Zimmer – aber es kommt auf dich an. Und was für ein Unterschied – ob du sagst „Guten Morgen, Gott" oder ob du sagst „Guter Gott, schon wieder Morgen"!

Ich habe ein altes Sufi-Gleichnis gehört:

Zwei Schüler eines großen Meisters gingen im Garten des Meisters spazieren. Ihnen war erlaubt, jeden Tag dort zu gehen, morgens und abends. Das Gehen war eine Art Meditation; eine Gehmeditation – genauso wie Zenleute Gehmeditation machen. Man kann nicht vierundzwanzig Stunden lang still sitzen – die Beine brauchen ein wenig Bewegung, das Blut braucht ein wenig Zirkulation – deshalb meditiert man im Zen und im Sufismus ein paar Stunden lang sitzend und dann beginnt man im Gehen zu meditieren. Aber die Meditation geht weiter: ob gehend oder sitzend, der innere Fluß bleibt derselbe.

Beide waren sie Raucher. Beide wollten sie den Meister um Raucherlaubnis fragen. Also beschlossen beide: „Also morgen! Schlimmstenfalls kann er nein sagen – aber wir wollen ihn fragen. Und es scheint kein so frevelhafter Akt zu sein, im Garten zu rauchen; im Hause selbst werden wir nicht rauchen."

Am nächsten Tag trafen sie sich im Garten. Der eine wurde wütend – wütend, weil der andere rauchte – und sagte: „Was soll das heißen? Ich habe auch gefragt, aber er hat einfach glatt abgelehnt und nein gesagt. Und du rauchst? Hältst du dich nicht an seine Anordnungen?"

Der sagte: „Aber zu mir hat er ja gesagt."

Dies schien ausgesprochen ungerecht. Und der erste sagte: „Ich werde gehen und augenblicklich nachfragen, warum er zu mir nein und zu dir ja gesagt hat."

Der andere sagte: „Warte einen Augenblick! Erzähle mir bitte, worum du gebeten hast."

Er sagte: „Worum ich gebeten habe? Ich habe ganz einfach gebeten: ‚Darf ich beim Meditieren rauchen?' Da hat er nein gesagt und ganz böse ausgesehen."

Der andere begann zu lachen; er sagte: „Jetzt weiß ich, was los ist. Ich habe gefragt: ‚Kann ich beim Rauchen meditieren?' Er hat ja gesagt."

Es kommt immer drauf an. Nur ein kleiner Unterschied, und schon ist das Leben etwas völlig anderes. Nun, das ist ein großer Unterschied, zu fragen: „Kann ich beim Meditieren rauchen?" Es ist einfach häßlich; aber zu fragen „Kann ich beim Rauchen meditieren?", das ist vollkommen in Ordnung. Gut! Wenigstens meditierst du.

Das Leben ist weder Glück noch Unglück. Das Leben ist eine leere Leinwand, und man muß sehr kunstfertig damit umgehen.

Ein Landstreicher klopfte an die Tür eines Gasthauses namens „Zum Georg mit dem Drachen". „Haben Sie für einen armen

Mann vielleicht einen Bissen zu essen übrig?“ fragte er die Frau, die an die Tür gekommen war.

Sie schrie „Nein!“ und knallte die Tür zu.

Einige Sekunden später klopfte der Landstreicher noch einmal.

Dieselbe Frau kam zur Tür.

„Könnte ich einen Bissen zu essen haben?“, sagte der Landstreicher.

„Verschwinde, du Nichtsnutz!“, schrie die Frau. „Und untersteh dich, zurückzukommen.“

Nach ein paar Minuten klopfte der Landstreicher erneut an.

„Pardon“, sagte der Landstreicher, „aber könnte ich diesmal mit Georg sprechen?“

Das Leben ist das Gasthaus „Zum Georg mit dem Drachen“. Auch du kannst mal fragen, ob du mit Georg sprechen darfst.

ES GIBT KEINEN ANDEREN GOTT ALS DAS LEBEN

Bhagwan,
wie lebt man ein Leben, das frei ist?

Meine Botschaft ist sehr einfach. Lebe das Leben so gefährlich wie möglich. Lebe das Leben total, intensiv, leidenschaftlich, denn außer dem Leben gibt es keinen anderen Gott.

Friedrich Nietzsche sagt, Gott ist tot. Das ist falsch, denn Gott hat es von vornherein nie gegeben. Wie kann er da tot sein? Das Leben *ist*, ist immer *gewesen*, wird immer *sein*. Erlaube – und ich wiederhole es nochmals – *erlaube* dem Leben, Besitz von dir zu ergreifen.

Die sogenannten Religionen der Vergangenheit haben euch genau das Gegenteil erzählt. Sie sagen: „Entsagt!" Ich sage: „Freut euch!" Sie verneinen das Leben, ich bejahe es. Sie sagen, das Leben ist etwas Verkehrtes, Illusorisches. Und sie schaffen eine abstrakte Vorstellung von Gott, die nichts anderes ist als eine Projektion ihres eigenen Hirns. Und sie beten diese Projektion an. Es ist so unintelligent, so ausgesprochen dumm, daß man sich fragt, wie Millionen von Menschen an solch einen Unsinn glauben konnten. Das, was *ist*, wird um dessentwillen geleugnet, was eine bloße Abstraktion des Hirns ist. Gott ist nur ein Wort, sie aber sagen, Gott ist real.

Das Leben ist die wirkliche Realität... Du fühlst es mit deinem Herzschlag, es pulsiert in deinem Blut, es ist überall – in den Blumen, in den Flüssen, in den Sternen. Und sie sagen, dies alles ist „Maja", alles nur Illusion. Sie sagen, daß es aus demselben Stoff gemacht ist, aus dem die Träume sind. Und sie erfinden einen

Gott – und natürlich erfindet jeder einen Gott nach seinem eigenen Ebenbilde. Also hat es Tausende von Göttern gegeben.

Sie sind eure Einbildung. Ihr könnt einen Gott mit vier Köpfen machen, ihr könnt einen Gott mit tausend Händen machen. Ihr habt es völlig in der Hand, ihr bestimmt die Spielregeln. Und was diese Leute alles erzählen... sie vergiften den Geist der anderen.

Ich sage dir, das Leben ist die einzige Wahrheit, die es gibt. Es gibt keinen anderen Gott als das Leben. Laß dich also ergreifen und besitzen: vom Leben in all seinen Formen, Farben, Dimensionen – vom ganzen Regenbogen, allen Tönen der Tonleiter. Wenn du dies Einfache schaffst – und es *ist* einfach, denn es ist nur eine Frage des Loslassens. Treibe den Fluß nicht an, laß dich vom Fluß zum Ozean tragen. Er ist bereits auf dem Weg dorthin. Entspanne dich nur, sei nicht verkrampft und versuche nicht, spirituell zu sein. Trenne nicht zwischen Geist und Materie. Die Existenz ist unteilbar, Geist und Materie sind einfach zwei Seiten ein und derselben Medaille. Entspanne dich, beruhige dich und fließe mit dem Fluß. Sei ein Spieler, sei kein Geschäftsmann, und du wirst mehr über Gott erfahren; denn der Spieler kann riskieren. Der Spieler ist nicht berechnend, er kann, was er hat, aufs Spiel setzen. Denkt an die Spannung des Spielers, wenn er alles riskiert und wartet... was wird jetzt passieren? Genau in diesem Augenblick kann sich ein Fenster öffnen. Genau dieser Augenblick kann zu einer Transformation der inneren Gestalt werden.

Sei ein Trunkenbold, betrunken vom Leben, vom Wein der Existenz. Bleibe nicht nüchtern. Der Nüchterne bleibt tot. Trinke den Wein des Lebens. Es hat so viel Poesie und so viel Liebe und so viel Kraft. Du kannst es jeden Augenblick Frühling werden lassen. Rufe einfach den Frühling herbei und laß die Sonne und den Wind und den Regen ein.

Es liegt an dieser Botschaft, daß alle spirituell Gesinnten gegen mich sind; denn sie glauben, daß ich Gott leugne. Ich leugne Gott nicht. Zum erstenmal wird Gott durch mich in die rechte Perspektive gerückt: ich mache ihn lebendig, ich bringe ihn euch näher, näher als euer eigenes Herz. Denn er ist euer eigentliches Sein, nichts Losgelöstes, nichts Weitentferntes, nichts da droben im Himmel, sondern hier – jetzt. Ich versuche, die ganze Vorstellung von Dort und Dann auszumerzen. Mein ganzes Weltbild besteht aus Hier und Jetzt, denn es gibt keinen anderen Ort als das Hier und keine andere Zeit als das Jetzt.

LANGEWEILE IST EIN PHANTASTISCHER ANFANG

Bhagwan,
ich habe entdeckt, daß ich mir einfach langweilig bin und ich keinen Lebenssaft spüre. Du hast uns geraten, uns so zu akzeptieren, wie wir sind. Ich kann das Leben nicht akzeptieren, wenn ich weiß, daß mir etwas wie innere Freude entgeht. Was tun?

Wie wir hören, gibt es eine neue Art von Beruhigungsmittel, das nicht entspannt – man fährt auf seine Verspanntheit nur erst richtig ab! Probier's aus! Probier's und probier's und probier's nochmal – sei Amerikaner! Aber nicht öfter als dreimal. Probier's, probier's und probier's nochmal, und dann hör auf, denn man muß ja nicht albern sein!

Du fragst mich: *Ich habe entdeckt, daß ich mir einfach langweilig bin...*

Das ist eine phantastische Entdeckung. Ja, wirklich! Nur wenige Menschen sind sich ihrer Langeweile bewußt, und sie *sind* gelangweilt, total gelangweilt. Jeder weiß es, nur sie selbst nicht. Zu wissen, daß man gelangweilt ist, ist ein guter Anfang; jetzt kommt es darauf an, ein paar Dinge zu verstehen.

Der Mensch ist das einzige Lebewesen, das Langeweile empfindet. Das ist ein außerordentliches Privileg, es gehört zur Würde des Menschen. Habt ihr je einen gelangweilten Büffel oder einen gelangweilten Esel gesehen? Sie langweilen sich nicht. Langeweile bedeutet, daß du das falsche Leben führst. Deswegen kann diese Einsicht ein so großes Ereignis werden: „Ich langweile mich und es muß etwas passieren; eine Transformation ist nötig." Denk also nicht, es sei schlimm, daß du gelangweilt bist – es ist ein gutes

Zeichen, ein guter Anfang, ein sehr vielversprechender Anfang. Aber bleib nicht dabei stehen.

Warum langweilt man sich? Man langweilt sich, weil man in den toten Verhaltensmustern lebt, die einem andere mitgegeben haben. Gib diese Muster auf, komm aus diesen Mustern heraus! Fang ein eigenständiges Leben an.

Nur der authentische Mensch langweilt sich nicht, der Pseudomensch kann nicht anders als sich langweilen. Der Christ langweilt sich, der Jaina langweilt sich, der Parse langweilt sich, der Kommunist langweilt sich, weil sie alle ihr Leben zweiteilen. Ihr wirkliches Leben bleibt unterdrückt, und sie fangen an, ein unwirkliches Leben vorzutäuschen. Nur unwirkliches Leben schafft Langeweile. Wenn du deiner Bestimmung folgst, wirst du dich niemals langweilen.

Am Tag, als ich mein Elternhaus verließ, um zu studieren, wollten meine Eltern, mein Vater, meine Familienangehörigen, daß ich Naturwissenschaftler werde – ein Naturwissenschaftler hatte viel größere Zukunftschancen! – oder zumindest Arzt oder Ingenieur. Ich weigerte mich. Ich sagte: „Ich werde das tun, was ich tun möchte, weil ich kein langweiliges Leben führen will. Als Naturwissenschaftler mag ich zwar Erfolg haben – mag ich Ansehen, Geld, Macht und Prestige bekommen – doch tief drinnen werde ich gelangweilt bleiben, weil es nicht das ist, was ich schon immer tun wollte."

Sie waren schockiert, weil sie im Philosophiestudium keine Zukunft sahen; Philosophie ist das ärmste Fach auf den Universitäten. Widerstrebend stimmten sie zu, wohlwissend, daß ich mir meine Zukunft verbauen würde. Später aber sahen sie, daß sie sich geirrt hatten.

Es geht nicht um Geld, Macht und Prestige; es geht darum, was man im Innersten tun möchte. Tu es, ohne Rücksicht auf das Resultat, und deine Langeweile wird sich auflösen. Offenbar folgst du Ideen anderer; offenbar machst du alles richtig, machst du alles so, wie es sich gehört... Genau das sind die Grundsteine der Langeweile.

Die gesamte Menschheit langweilt sich; denn der, der ein Mystiker hätte werden sollen, ist Mathematiker; der, der ein Mathematiker hätte werden sollen, ist Politiker; der, der ein Dichter hätte werden sollen, ist Geschäftsmann. Jeder ist woanders. Niemand ist, wo er sein sollte. Man muß etwas riskieren. Die Langeweile kann in einem einzigen Moment vergehen, wenn du bereit bist zu riskieren.

Du fragst mich: *Ich habe entdeckt, daß ich mir nur langweilig bin...* Du bist dir langweilig, weil du nicht aufrichtig mit dir gewesen bist, weil du mit dir nicht ehrlich gewesen bist, weil du dein eigenes Sein nicht respektiert hast.

Und du sagst: *Ich fühle keinen Lebensssaft.* Wie fühlt man den Lebenssaft? Der Lebenssaft strömt nur, wenn du das tust, was du tun möchtest, was auch immer es ist.

Vincent van Gogh war ungeheuer glücklich, wenn er nur malen konnte. Kein einziges Gemälde wurde verkauft, niemand fand ihn je gut; und er litt Hunger, er starb vor Hunger, denn sein Bruder gab ihm nur eine kleine Geldsumme, damit er wenigstens überleben konnte. Damit fastete er immer vier Tage in der Woche und aß an drei Tagen. Er mußte die vier Tage fasten, denn woher sollte er sonst seine Leinwand, seine Farben und Pinsel nehmen? Er war ungeheuer glücklich – seine Lebensenergie strömte.

Er starb mit nur dreiunddreißig Jahren. Er beging Selbstmord; aber sein Selbstmord ist weit besser als euer sogenanntes Leben, denn er beging erst Selbstmord, nachdem er genau das gemalt hatte, was er hatte malen wollen. An dem Tag, als er, wie es sein sehnlichster Wunsch gewesen war, das Bild eines Sonnenuntergangs vollendete, schrieb er in einem Brief die Worte: „Mein Werk ist vollendet, ich habe mich erfüllt; unendlich zufrieden verlasse ich diese Welt."

Er beging Selbstmord, doch ich will es nicht Selbstmord nennen. Er lebte total, er ließ die Kerze seines Lebens mit ungeheurer Intensität an beiden Enden zugleich abbrennen.

Du magst hundert Jahre lang leben, aber dein Leben wird nur knochentrocken sein, eine Last, eine tote Last.

Du sagst: *Bhagwan, du hast uns geraten, uns so zu akzeptieren, wie wir sind. Ich kann das Leben nicht akzeptieren – wenn ich weiß, daß mir etwas wie innere Freude entgeht.*

Wenn ich sage, akzeptiere dich, sage ich damit nicht, akzeptiere dein Lebensmuster – versuche nicht, mich mißzuverstehen! Wenn ich sage, akzeptiere dich, sage ich damit, lehne alles andere ab – *akzeptiere dich.* Doch du mußt es auf deine Art gedeutet haben. So geht es oft...

Ich habe nicht gesagt, was du verstanden hast. Lehne alles ab, was man dir aufgezwungen hat – ich sage nicht: akzeptiere es. Akzeptiere deinen innersten Kern, den du aus dem Jenseits mitgebracht hast, und dann wirst du nicht das Gefühl haben, daß dir etwas entgeht. Im gleichen Moment, wo du dich bedingungslos akzeptierst, kommt es plötzlich zu einem Freudenausbruch. Deine Lebensenergie fängt zu strömen an, und das Leben wird wirklich ekstatisch.

Die Freunde eines gewissen jungen Mannes meinten, jetzt sei er tot, doch er lag nur im Koma. Just in dem Moment, als er beerdigt werden sollte, gab er Lebenszeichen von sich, und sie fragten ihn, wie es ist, wenn man tot ist.

„Tot?", rief er. „Ich war nicht tot. Ich wußte die ganze Zeit, was los war. Und ich wußte auch , daß ich nicht tot war, weil ich kalte Füße und Hunger hatte."

„Aber wieso hat dir dieser Umstand gesagt, daß du noch am Leben warst?", fragte einer der Neugierigen.

„Tja, mir war klar, daß ich im Himmel keinen Hunger mehr

hätte und an dem anderen Ort keine kalten Füße."

Du kannst sicher sein, daß du noch nicht tot bist: du hast Hunger, deine Füße sind kalt. Steh einfach auf und jogge ein bißchen!

Ein mittelloser Mann ohne Bildung und gesellschaftlichen Schliff verliebte sich in eine Millionärstochter. Sie lud ihn ein, ihre Eltern auf ihrem eleganten Landsitz kennenzulernen. Der Mann war durch die luxuriöse Einrichtung, die Dienerschaft und all die anderen Attribute des Wohlstandes eingeschüchtert, schaffte es aber trotzdem, entspannt zu wirken – bis es zum Abendessen kam. Am pompösen Eßtisch, angeheitert durch den Wein, furzte er laut.

Der Vater des Mädchens schaute auf, sah auf seinen Hund, der zu Füßen des bemitleidenswerten jungen Mannes lag und sagte drohend: „Rover!"

Der junge Mann war erleichtert, daß dem Hund die Schuld zugeschoben wurde, und so furzte er wenige Minuten später erneut. Sein Gastgeber sah den Hund an und sagte wieder, diesmal mit noch lauterer Stimme: „Rover!"

Wenige Minuten später furzte er zum dritten Mal. Das Gesicht des reichen Mannes verzerrte sich vor Wut und er donnerte: „Rover, mach daß du rauskommst, bevor er dich von oben bis unten vollscheißt!"

Noch ist es Zeit – mach daß du rauskommst aus dem Gefängnis, in dem du bis jetzt gelebt hast!

Es gehört nur etwas Mut dazu, der Mut des Spielers. Und vergiß nicht: es gibt nichts zu verlieren. Du kannst nur deine Fesseln verlieren – du kannst deine Langeweile verlieren, du kannst das ständig in dir nagende Gefühl verlieren, daß dir etwas entgeht. Was gibt es noch zu verlieren? Komm raus aus dem alten Gleis und akzeptiere dein eigenes Wesen – egal was Moses, Jesus, Buddha, Mahavira, Krishna sagen. Akzeptiere dich.

Du bist keinem Buddha oder Zarathustra oder Kabir oder

Nanak verantwortlich; du bist nur dir selbst verantwortlich.

Sei verantwortlich – und wenn ich das Wort „verantwortlich" gebrauche, denke bitte daran, es nicht falsch zu deuten. Ich spreche nicht von Pflichten und Verantwortlichkeiten, ich benutze das Wort nur in seiner wörtlichen Bedeutung: antworte auf die Wirklichkeit, sei verantwortlich.

Du mußt ein verantwortungsloses Leben geführt haben, allen möglichen Pflichten nachkommend – weil die andern es so von dir erwarten. Was gibt es zu verlieren? Du langweilst dich – ein guter Ausgangspunkt. Dir fehlt der Lebenssaft – was fehlt dir sonst noch, um aus dem Gefängnis auszubrechen? Spring raus, schau dich nicht um!

Man sagt: Überleg es dir, bevor du springst. Ich sage: Spring erst, danach kannst du soviel überlegen, wie du willst.

„ZORBA THE BUDDHA“

Bhagwan,
manchmal, wenn du sprichst, schwebt mir vor, eine Art Alexis-Sorbas-Existenz zu führen – essen, trinken und fröhlich sein – voller Lust und Leidenschaft, und dann meine ich: da geht's lang. Zu anderen Zeiten meine ich dich sagen zu hören: still dasitzen, wachsam und reglos wie ein Mönch – da geht's lang.
Was sollen wir also sein – Sorbas oder Mönch – und wie kann ein Verschnitt aus beiden möglich sein? Ich spüre, daß du die Widersprüche für dich gelöst hast, aber können wir sowohl Sorbas sein, bewegt durch Leidenschaft und Verlangen, als auch Buddha, leidenschaftslos, ruhig und gelassen?

Das ist die höchste Synthese – wenn Sorbas zu Buddha wird. Ich versuche hier nicht, Sorbas den Griechen sondern Sorbas den Buddha zu schaffen.

Sorbas ist wunderschön, aber etwas fehlt. Ihm gehört die Erde, aber der Himmel fehlt. Er ist erdverbunden, verwurzelt wie eine riesige Zeder, aber er hat keine Flügel. Er kann nicht in den Himmel fliegen. Er hat Wurzeln, aber keine Flügel.

Essen und trinken und fröhlich sein ist an sich ausgezeichnet: es ist nichts falsch damit. Aber es reicht nicht aus. Bald wirst du genug davon haben. Man kann nicht immerzu essen, trinken und fröhlich sein. Bald verwandelt sich das lustige Karussell in eine traurige Tretmühle, weil es ewig das gleiche sein wird. Nur ein sehr mittelmäßiger Geist kann damit glücklich bleiben. Mit etwas Intelligenz wirst du früher oder später feststellen, wie absolut sinnlos das Ganze ist. Wieviel länger kannst du essen, trinken und fröhlich sein? Früher oder später muß man sich die Frage stellen – was soll das alles? Wozu? Es ist unmöglich, dieser Frage lange auszuweichen. Und wenn du sehr intelligent bist, ist sie *immer* da, beharrlich da, einhämmernd auf dein Herz, um Antwort zu bekommen: gib mir die Antwort – warum?

Und eines darf nicht vergessen werden: es sind nicht die armen, hungernden Menschen, die das Leben irgendwann satt haben – nein. Sie können es nicht satt haben. Sie haben noch nicht gelebt – wie können sie es satt haben? Sie haben Hoffnungen. Ein armer Mensch hat immer Hoffnungen: Ein armer Mensch wünscht sich immer, daß etwas passieren möge, hofft, daß bald etwas passiert. Wenn nicht heute, dann morgen oder übermorgen. Wenn nicht in diesem Leben, dann im nächsten Leben.

Was meint ihr, wer diese Leute sind, die den Himmel als Playboy-Club beschrieben haben – wer sind diese Leute? Hungrige, Arme, die es versäumt haben zu leben. Sie projizieren ihre Wünsche auf den Himmel. Im Himmel gibt es Flüsse voller Wein. Wer sind diese Leute, die sich Flüsse voller Wein ausdenken? Sie müssen ihn hier entbehrt haben. Und dort gibt es wunscherfüllende Bäume! Du setzt dich drunter, wünschst dir etwas, und kaum hast du dir etwas gewünscht, ist es auch schon erfüllt. Es vergeht überhaupt keine Zeit zwischen dem Wunsch und seiner Erfüllung, da ist kein Schatten dazwischen. Es passiert sofort, augenblicklich.

Wer sind diese Leute? Ausgehungerte, die nicht imstande waren, ihr Leben zu leben. Wie können sie das Leben satt haben? Sie haben nichts erlebt – nur durch Erfahrung macht man Bekanntschaft mit der absoluten Sinnlosigkeit des Ganzen. Nur Menschen wie Sorbas machen mit der absoluten Sinnlosigkeit des Ganzen Bekanntschaft.

Buddha selbst war ein Sorbas. Alle schönen Frauen in seinem Lande standen ihm zur Verfügung. Sein Vater hatte veranlaßt, daß er von den schönsten Mädchen umgeben war. Er besaß die herrlichsten Paläste – verschiedene Paläste für verschiedene Jahreszeiten. Er besaß *allen* Luxus, den es nur gibt, oder der damals möglich war. Er lebte das Leben eines Alexis Sorbas – daher hatte er es mit nur neunundzwanzig Jahren absolut satt. Er war ein sehr kluger Mann. Wäre er ein mittelmäßiger Mann gewesen, hätte er dieses Leben weitergelebt. Aber bald sah er ein: es wiederholt sich, es ist das gleiche. Jeden Tag ißt du, jeden Tag schläfst du mit einer Frau... und er konnte jeden Tag andere Frauen lieben. Aber wie lange...? Bald hatte er es satt. Die Erfahrung des Lebens ist sehr bitter. Sie ist nur süß in der Phantasie. In ihrer Wirklichkeit ist sie sehr bitter. Er entfloh dem Palast, den Frauen, den Reichtümern und dem Luxus und allem...

Ich bin also nicht gegen Alexis Sorbas; denn Sorbas der Grieche ist überhaupt erst die Grundlage für Sorbas den Buddha – „Zorba-the-Buddha". Der Buddha ist das Ergebnis dieser Erfahrung. Ich weiß, daß das Jenseits nur durch das Diesseits erfahren werden kann. Ich sage euch also nicht, entflieht ihm, ich sage euch keineswegs, werdet Mönch. Ein Mönch ist jemand, der gegen den Sorbas angegangen ist; er ist ein Eskapist, ein Feigling. Er hat voreilig gehandelt – aus Unintelligenz. Er ist kein reifer Mensch. Ein Mönch ist unreif, gierig – gierig auf das Jenseits, und will es zu früh; es ist noch nicht Zeit, und er ist noch nicht reif.

Lebt im Diesseits, weil das Diesseits Heranreifen, Lebenserfahrung und Integrität schenkt. Die Herausforderungen dieser Welt verleihen dir einen inneren Ruhepunkt, eine bestimmte Bewußtheit. Und diese Bewußtheit wird zur Leiter. Auf ihr kannst du vom Sorbas zum Buddha aufsteigen.

Aber laßt mich nochmals wiederholen: nur Sorbas kann ein Buddha werden – und Buddha war nie ein Mönch. Ein Mönch ist jemand, der nie ein Sorbas war, der sich von den Worten der Buddhas verzaubern ließ. Ein Mönch ist ein Nachahmer, er ist falsch, pseudo. Er imitiert Buddhas. Er mag ein Christ sein, er mag Buddhist sein, er mag Jaina sein – das macht keinen großen Unterschied – aber er imitiert Buddhas.

Sehnt euch nicht nach dem Jenseits. Lebt das Diesseits und lebt es mit Intensität, mit Leidenschaft. Lebt es mit Totalität, mit ganzem Herzen. Und aus solch einem totalen Vertrauen, aus solch einem Leben voller Leidenschaft, Liebe und Freude heraus wirst du fähig werden zu transzendieren.

Die andere Welt liegt in dieser Welt verborgen. Der Buddha schlummert im Sorbas. Er muß geweckt werden. Und niemand kann dich aufwecken, außer das Leben selbst.

Ich bin hier, um dir zu helfen, total zu sein, wo immer du bist. Egal, in welchem Zustand du bist – lebe diesen Zustand rückhaltlos. Nur indem man eine Sache rückhaltlos auslebt, kann man sie transzendieren.

Werde zuerst ein Sorbas, eine Blume dieser Erde, und erwerbe dadurch die Fähigkeit, zum Buddha zu werden – zur Blume der anderen Welt. Die andere Welt ist nicht fern dieser Welt; die andere Welt ist nicht *gegen* diese Welt: die andere Welt liegt in dieser Welt verborgen. *Diese* ist nur eine Manifestation der *anderen*, und die *andere* ist der unmanifeste Teil von *dieser.*

DAS TRAURIGSEIN HAT SEINE EIGENE SCHÖNHEIT

Bhagwan,
kann man sein Traurigsein feiern?

Identifiziere dich nicht mit deinem Traurigsein. Werde ein Zeuge und genieße den Augenblick des Traurigseins, denn das Traurigsein hat eine eigene Schönheit.

Du hast es dir nie angeschaut. Du bist so sehr damit identifiziert, daß du nie zu den Schönheiten eines traurigen Augenblicks vordringst. Wenn du wachsam bist, wirst du überrascht sein, welche Schätze dir entgangen sind. Sieh hin – wenn du fröhlich bist, geht das nie so tief als wenn du traurig bist. Traurigkeit hat Tiefe, Fröhlichkeit hat etwas Oberflächliches. Die sogenannten fröhlichen Leute, die Playboys and Playgirls – du kannst sie in Clubs, in Hotels finden, in Theatern – sind immer nur am Lächeln und sprudeln vor lauter Glück. Du wirst sie immer flach, oberflächlich finden. Sie haben keine Tiefe. Fröhlichkeit ist wie Wellen an der Oberfläche, man lebt ein flaches Leben. Aber Traurigkeit hat Tiefe in sich. Wenn du traurig bist, ist es nicht wie oberflächliche Wellen, sondern so tief wie der pazifische Ozean selbst: ganze Meilen tief.

Geh in die Tiefe, beobachte es. Fröhlichkeit ist laut, Traurigkeit bringt Stille. Fröhlichkeit gleicht vielleicht dem Tag, Traurigkeit ist wie die Nacht. Licht kommt und geht, Dunkelheit bleibt. Sie ist ewig. Das Licht kommt ab und zu; die Dunkelheit ist immer da.

Wenn du in die Traurigkeit hineingehst, werden alle diese Dinge spürbar. Plötzlich wird dir bewußt, daß die Traurigkeit da ist wie ein Objekt, und du der Beobachter und der Zeuge bist –

und plötzlich beginnst du dich glücklich zu fühlen. So eine schöne Traurigkeit! – Eine Blume der Dunkelheit, eine Blume der ewigen Tiefe. Wie ein bodenloser Abgrund, so still, so fein gestimmt – unhörbar, so ohne Geräusch, ohne Störung. Man kann sich endlos in sie hineinfallen lassen – und man kann absolut verjüngt wieder aus ihr auftauchen. Es ist eine Ruhepause.

Es kommt auf die Einstellung an. Wenn du traurig wirst, denkst du, daß dir etwas Schlimmes passiert ist. Es ist reine Interpretation, daß dir etwas Schlimmes passiert ist, und dann versuchst du, dem auszuweichen. Du meditierst nie darüber. Dann möchtest du zu irgendjemandem hingehen, auf eine Party, in einen Club – oder du schaltest den Fernseher ein oder das Radio oder du fängst an, Zeitung zu lesen – irgendwas, nur um zu vergessen. Das ist eine falsche Einstellung, die man dir mitgegeben hat: daß Traurigkeit nicht in Ordnung ist. Nichts ist verkehrt daran. Es gibt viele Polaritäten im Leben. Fröhlichkeit ist ein Pol, Traurigkeit ein anderer. Glück ist ein Pol, Unglück ein anderer. Das Leben besteht aus beiden. Ein Leben, in dem es nur Glück gibt, wird nur eine Ausdehnung in die Breite haben, aber keine Tiefe. Ein Leben, in dem es nur Traurigkeit gibt, wird Tiefe haben, aber keine Ausdehnung. Ein Leben sowohl voller Traurigkeit als auch höchsten Glückes ist multidimensional, geht in alle Dimensionen zugleich. Sieh dir die Statue Buddhas an, oder schau manchmal in meine Augen, und du wirst beides zugleich finden: Seligkeit, Frieden und auch Traurigkeit. Du wirst eine Seligkeit finden, in der auch Traurigkeit enthalten ist, denn diese Traurigkeit gibt ihr Tiefe. Sieh dir Buddhas Statue an – selig, und doch auch traurig. Nur das Wort „traurig“ vermittelt den falschen Eindruck: daß etwas nicht stimme. Das ist eure Interpretation.

Für mich ist das Leben in seiner Ganzheit gut. Und nur, wenn du das Leben in seiner Ganzheit verstehst, kannst du feiern; sonst nicht. Feiern bedeutet: ganz gleich was passiert – ich werde feiern. Das Feiern ist nicht von bestimmten Dingen abhängig: „Erst wenn ich glücklich bin, dann werde ich feiern"; oder: „Wenn ich unglücklich bin, dann werde ich nicht feiern." Feiern ist bedingungslos: „Ich feiere das Leben. Bringt es Unglück – gut, ich feiere es. Bringt es Glück – gut, ich feiere es. Feiern ist meine Einstellung, ganz gleich, was das Leben bringt."

Aber das Problem ist, daß jedesmal, wenn ich bestimmte Wörter gebrauche, diese Wörter in eurem Denken bestimmte Assoziationen haben. Wenn ich sage „feiert", denkt ihr, man hat glücklich zu sein. Wie kann man feiern, wenn man traurig ist? Dabei sage ich gar nicht, daß man glücklich sein muß, um zu feiern. Feiern ist ein Dankesagen für alles, was das Leben einem gibt, was Gott einem gibt. Feiern ist ein Ausdruck der Dankbarkeit, es ist ein Dankesagen.

Ich habe es euch schon oft erzählt und erzähle euch noch einmal...:

Ein Sufi-Mystiker, sehr arm, hungrig, ein Außenseiter, kam, müde von der Reise, eines Nachts in ein Dorf. Aber das Dorf wollte ihn nicht aufnehmen. Das Dorf gehörte den orthodoxen Leuten, und orthodoxe Mohammedaner sind sehr dickköpfige Leute. Sie wollten ihm kein Dach im Ort gewähren. Die Nacht war kalt, und er war hungrig und müde und zitterte in seinen dünnen Kleidern. Er saß außerhalb des Ortes unter einem Baum. Seine Schüler saßen um ihn herum, traurig, niedergeschlagen, sogar wütend. Und dann fing er an zu beten und er sagte zu Gott: „Du bist wunderbar! Du gibst mir immer alles, was ich brauche." Das war zuviel.

Ein Schüler sagte: „Also, das geht jetzt wirklich zu weit, besonders heute Nacht. Was du sagst, stimmt nicht. Wir haben Hunger. Wir sind müde, wir haben nichts anzuziehen, und die Nacht wird kalt werden. Überall sind wilde Tiere, und die Stadt hat uns abgewiesen, wir haben kein Dach über dem Kopf. Wofür dankst du

Gott? Was meinst du, wenn du sagst: ‚Du gibst mir alles, was ich brauche'?“

Der Mystiker sagte: „Ja, ich wiederhole es noch einmal: Gott gibt mir alles, was ich brauche. Heute nacht brauche ich Armut, heute nacht brauche ich es, abgewiesen zu werden, heute nacht brauche ich es, Hunger zu haben und in Gefahr zu sein. Aus was für einem Grund sollte er es mir sonst geben? Es muß notwendig sein. Es soll so sein und ich muß dankbar sein. Er sorgt so schön für meine Bedürfnisse. Er ist wirklich wunderbar!“ Das ist eine Einstellung, die sich keine Gedanken um die Situation macht. Die Situation spielt keine Rolle.

Feiere, was es auch sei. Wenn du traurig bist, dann feiere, daß du traurig bist. Versuch es. Probier es aus und du wirst überrascht sein – es tritt tatsächlich ein. Bist du traurig? – Fang an, darüber zu tanzen, daß die Traurigkeit schön ist, eine so stille Blume des Seins. Tanze, freu dich, und plötzlich wirst du merken, daß die Traurigkeit verschwindet, daß ein Abstand entsteht. Nach und nach wirst du die Traurigkeit vergessen, und du wirst feiern. Du hast die Energie umgewandelt.

Genau das ist Alchemie: das niedere Metall in höheres Gold zu verwandeln. Traurigkeit, Wut, Eifersucht – niedere Metalle können in Gold umgewandelt werden, denn sie setzen sich aus denselben Elementen zusammen wie Gold. Es besteht kein Unterschied zwischen Gold und Eisen, denn sie setzen sich aus den gleichen Teilen, den gleichen Elektronen zusammen. Habt ihr je darüber nachgedacht, daß ein Stück Kohle und der größte Diamant der Welt genau dasselbe sind? Sie unterscheiden sich überhaupt nicht. Vielmehr wird Kohle, Millionen Jahre unter der Erde gepreßt, zu Diamant.

Nur der Druck ist anders. Aber beide sind sie Kohlenstoff, beide bestehen sie aus denselben Elementen...

Das Niedere kann in das Höhere verwandelt werden. Nichts

fehlt dem Niederen. Nur eine Neuanordnung, eine Neugestaltung ist nötig. Das ist das ganze Geheimnis der Alchemie. Wenn du traurig bist, feiere, und damit gibst du der Traurigkeit eine neue Gestalt. Du tust etwas zur Traurigkeit hinzu, das sie umwandeln wird. Du tust das Feiern dazu. Du bist wütend? Fang an zu tanzen! Anfangs wird der Tanz wütend sein. Du wirst anfangen zu tanzen, und der Tanz wird wütend, aggressiv und gewaltsam sein. Nach und nach wird er sanfter und sanfter und sanfter werden, und auf einmal hast du alle Wut vergessen. Die Energie hat sich in Tanzen verwandelt.

Aber wenn du wütend bist, kannst du nicht ans Tanzen denken. Wenn du traurig bist, kannst du nicht ans Singen denken. Warum nicht aus der Traurigkeit ein Lied machen! Singe! Spiel auf deiner Flöte! Am Anfang werden die Töne traurig sein, aber es ist nichts Schlimmes an einem traurigen Ton.

Habt ihr's noch nie gehört? Manchmal, am Nachmittag, wenn alles heiß ist, glühend heiß wie Feuer, und plötzlich hört ihr im Mango-Hain den indischen Kuckuck rufen. Am Anfang ist der Ton traurig. Sie ruft ihren Liebsten, ihren Geliebten, an einem heißen Nachmittag. Alles glüht vor Hitze, und sie sehnt sich nach Liebe. Ein sehr trauriger Ton, aber schön. Nach und nach verwandelt sich der traurige Ton in einen fröhlichen Ton: der Liebste ruft aus einem anderen Hain zurück. Jetzt ist es kein heißer Nachmittag mehr: das Herz findet Kühle. Jetzt ist der Ton ein anderer geworden. Wenn der Liebste antwortet, hat sich alles gewandelt. Es ist eine alchemische Verwandlung.

Bist du traurig? – Fang an zu singen, zu beten, zu tanzen. Was immer du tun kannst, das tu. Und langsam, ganz langsam verwandelt sich das niedere Metall in das höhere Metall – Gold. Wenn du einmal den Schlüssel gefunden hast, wird dein Leben nie wieder das gleiche sein. Du kannst jede Tür damit aufschließen. Und das ist der goldene Schlüssel: alles zu feiern.

Ich habe von drei chinesischen Mystikern gehört: niemand kennt ihre Namen. Sie waren nur als „Die drei lachenden Heiligen" bekannt, denn sie taten nichts anderes, sie lachten einfach nur. Sie zogen von einer Stadt zur anderen und lachten. Sie stellten sich mitten auf den Marktplatz und lachten aus vollem Halse. Der ganze Marktplatz strömte zusammen. Alle Leute kamen herbei, die Buden wurden geschlossen, und die Kunden vergaßen, warum sie gekommen waren. Diese drei waren wirklich ein herrlicher Anblick! Sie lachten, daß ihnen die Bäuche wackelten. Und dann wurde es ansteckend, und einer nach dem anderen fing an zu lachen, bis der ganze Marktplatz lachte. Die Atmosphäre des Marktes war wie verändert. Und immer, wenn jemand meinte: „Sagt doch mal was zu uns!", antworteten sie: „Wir haben nichts zu sagen. Wir lachen ganz einfach und verändern die Atmosphäre."

Wo nur wenige Augenblicke zuvor noch ein häßlicher Ort gewesen war, wo die Leute nur ans Geld dachten, mehr Geld haben wollten, gierig waren, und wo alles nur ums Geld ging, da tauchten plötzlich diese drei Verrückten auf und lachten und verwandelten den ganzen Marktplatz.

Nun dachte niemand mehr ans Geschäft. Nun hatten sie ganz vergessen, daß sie gekommen waren zu kaufen und zu verkaufen. Die Habgier war wie weggeblasen. Alles lachte und tanzte um diese drei Verrückten herum. Für ein paar Sekunden tat sich eine neue Welt auf.

Sie zogen durch ganz China, von Ort zu Ort, von Dorf zu Dorf, nur um den Menschen zum Lachen zu verhelfen. Traurige Menschen, wütende Menschen, gierige Menschen, eifersüchtige Menschen – alle fielen sie in ihr Lachen ein. Und viele ahnten den Schlüssel: „Du kannst dich ändern!"

Dann geschah es in einem Dorf, daß einer der drei starb. Das Dorf lief zusammen, und sie sagten: „Jetzt wird es Probleme geben. Jetzt wollen wir mal sehen, wie sie lachen. Ihr Freund ist gestorben; jetzt müssen sie weinen." Aber als sie hinkamen, tanzten die beiden und lachten und feierten den Tod. Die Dorfleute sagten: „Das ist doch die Höhe. Das sind doch keine Manieren. Wenn jemand gestorben ist, ist es gottlos, einfach zu lachen und zu tanzen." Sie sagten: „Ihr wißt nicht, was passiert ist. Wir haben immer gewettet, wer von uns dreien wohl als erster sterben wird. Dieser Mann hat gewonnen, wir sind geschlagen. Das ganze Leben haben wir mit ihm zusammen gelacht. Wie können wir ihm anders das letzte Geleit geben als so? Wir müssen lachen, wir müssen uns freuen, wir müssen feiern. Das ist das einzige Lebewohl, das zu einem Mann paßt, der sein ganzes Leben gelacht hat. Und wenn wir nicht lachen, dann wird er uns auslachen und er wird denken: ‚Ihr Dummköpfe! Seid ihr also doch wieder in die Falle gegangen?' Wir sehen nicht, daß er tot ist. Wie kann Lachen sterben? Wie kann Leben sterben?"

Lachen ist ewig, Leben ist ewig, das Fest geht weiter. Die Schauspieler wechseln, aber das Schauspiel geht weiter. Die Wellen wechseln, aber der Ozean besteht weiter. Du lachst, du hörst auf, jemand anders fängt an zu lachen, aber das Lachen geht weiter. Du feierst, dann feiert jemand anderes, aber das Feiern geht weiter. Die Existenz geht weiter – sie ist ein Kontinuum. Es gibt keine Lücke, keinen einzigen Augenblick lang. Aber die Dörfler konnten das nicht begreifen und diesesmal nicht in das Lachen einstimmen.

Dann war es soweit, der Leichnam mußte verbrannt werden, und die Dorfleute sagten: „Wir wollen ihm ein Bad bereiten, so wie es die Riten vorschreiben." Aber die zwei Freunde sagten: „Nein, unser Freund hat gesagt: ‚Laßt die Riten bleiben, zieht mir keine neuen Kleider an und badet mich nicht. Legt mich einfach so wie ich bin auf den Scheiterhaufen.' Also müssen wir tun, was er gesagt hat."

Und dann gab es plötzlich eine Riesenüberraschung:

Als der Leichnam auf dem brennenden Scheiterhaufen lag, da spielte der Alte seinen letzten Streich. In seinen Kleidern hatte er lauter Knallkörper versteckt, und plötzlich fand ein Silvesterfeuerwerk statt. Da fing das ganze Dorf zu lachen an. Die zwei verrückten Freunde tanzten, und bald tanzte das ganze Dorf mit. Es war kein Tod, sondern ein neues Leben.

Kein Tod ist Tod, denn jeder Tod öffnet eine neue Tür – er ist ein Anfang. Das Leben hat kein Ende, es gibt immer einen neuen Anfang, eine Auferstehung.

Wenn du deine Traurigkeit in Feiern verwandelst, dann wirst du auch fähig sein, deinen Tod in eine Auferstehung zu verwandeln. Erlerne also die Kunst, solange noch Zeit ist. Laß den Tod nicht eher kommen, als bis du die geheime Alchemie beherrschst, wie man niedere in höhere Metalle verwandelt. Denn wenn du Traurigkeit transformieren kannst, dann kannst du auch den Tod transformieren. Wenn du bedingungslos feiern kannst, wirst du auch lachen können, wenn der Tod kommt, wirst du fröhlich fortgehen. Und wenn du feiernd gehen kannst, dann kann der Tod dich nicht töten. Ganz im Gegenteil: *du* hast den Tod getötet.

Aber fang an, probiere es aus. Du hast nichts zu verlieren. Aber die Menschen sind so dumm, daß sie es nicht einmal dann ausprobieren, wenn sie nichts zu verlieren haben. Was gibt es schon zu verlieren?

SÜNDE IST, WENN DU DAS LEBEN NICHT GENIESST

Bhagwan,
erkläre uns bitte die Kunst zu leben.

Der Mensch ist dazu geboren, das Leben zu erfüllen, aber es kommt ganz auf ihn an.

Er kann es auch verfehlen. Er kann immer weiteratmen, er kann immer weiteressen, er kann immer älter werden, er kann immer mehr auf das Grab zugehen – aber das ist kein Leben, sondern ein langsamer Tod, von der Wiege bis zum Grabe, ein siebzig Jahre währender, langsamer Tod.

Und weil du von Millionen umgeben bist, die alle diesen allmählichen Tod sterben, fängst du an, es genauso zu machen. Kinder imitieren immer die, die sie umgeben, und wir sind von Toten umgeben.

Also müssen wir erst verstehen, was ich mit „Leben" meine.

Es darf nicht nur ein Älterwerden sein.

Es muß ein Reiferwerden sein.

Und das sind zwei sehr verschiedene Dinge. Alt werden, das kann jedes Tier. Reif werden, das ist dem Menschen vorbehalten.

Nur wenige nehmen dieses Recht in Anspruch. Heranreifen, das bedeutet, jeden Augenblick tiefer in das Prinzip des Lebens einzudringen, bedeutet, sich immer weiter vom Tod zu entfernen, nicht auf den Tod zuzugehen. Je tiefer du ins Leben eintauchst, desto mehr verstehst du die Unsterblichkeit in dir. Du entfernst dich immer weiter vom Tod; und es kommt ein Augenblick, da du sehen kannst, daß der Tod nichts anderes ist als ein Wechseln der Kleidung, oder ein Wechseln der Wohnung, ein Wechseln der

Form – nichts stirbt, nichts *kann* sterben.

Der Tod ist die größte Illusion, die es gibt. Was Heranwachsen heißt, siehst du an einem Baum. Je mehr der Baum in die Höhe wächst, desto tiefer wachsen seine Wurzeln nach unten. Da gibt es ein Gleichgewicht: je höher der Baum reicht, desto tiefer gehen seine Wurzeln. Es gibt keinen fünfzig Meter hohen Baum mit kurzen Wurzeln. Sie könnten einen so riesigen Baum nicht halten.

Im Leben heranzureifen bedeutet, tief in dein Innerstes hineinzuwachsen – dort nämlich sind deine Wurzeln.

Für mich ist das oberste Prinzip im Leben Meditation. Alles andere ist zweitrangig. Und die Kindheit ist die günstigste Zeit. Je älter du wirst, desto näher kommst du dem Tod, und desto schwieriger wird es, in Meditation zu gehen.

„In Meditation" heißt, in deine Unsterblichkeit, in deine Ewigkeit, in deine Göttlichkeit. Und das Kind ist dazu am besten geeignet, denn es ist noch nicht mit Wissen beladen; noch nicht mit Religion belastet, noch nicht mit Erziehung belastet, noch nicht mit allem möglichen Müll belastet. Es ist unschuldig.

Aber unglückseligerweise wird seine Unschuld als Unwissenheit verdammt. Unschuld und Unwissenheit sind sich ähnlich, sind aber nicht dasselbe. Auch Unwissenheit ist ein Zustand des Nichtwissens, genau wie Unschuld. Aber da ist auch ein großer Unterschied, der bis heute von der ganzen Menschheit übersehen worden ist.

Unschuld ist nicht gebildet, aber sie hat auch nicht den Wunsch, gebildet und klug zu sein.

Sie ist völlig zufrieden, wunschlos.

Ein kleines Kind hat keinen Ehrgeiz, es hat keine Wünsche, geht völlig im Augenblick auf – ein Vogel im Flug bannt seine Augen total. Ein bloßer Schmetterling in seinen schillernden Farben – und schon ist es verzaubert. Der Regenbogen am Himmel, und es kann sich nicht vorstellen, daß es irgendetwas Wichtigeres, etwas

Reicheres geben könnte als diesen Regenbogen. Und die Nacht voller Sterne, Sterne über Sterne…

Unschuld ist reich, sie ist voll, sie ist rein.

Unwissenheit ist arm, sie ist wie ein Bettler – sie will dies, sie will das, sie will gebildet sein, sie will anerkannt sein, sie will reich sein, sie will mächtig sein.

Unwissenheit geht den Weg der Begierde.

Unschuld ist ein Zustand der Wunschlosigkeit.

Aber da alle beide unwissend sind, werfen wir bis heute das Wesen beider durcheinander. Wir nehmen nach wie vor als gegeben hin, daß alle beide dasselbe sind.

Der erste Schritt in der Kunst zu leben wird sein, eine Trennlinie zu ziehen zwischen Unwissenheit und Unschuld. Unschuld muß unterstützt werden – denn das Kind hat den größten Schatz mit sich gebracht, jenen Schatz, den die Weisen erst nach schwerster Mühsal finden. Weise haben von sich gesagt, wieder Kind geworden zu sein, durch eine zweite Geburt gegangen zu sein.

In Indien hat sich der wirkliche Brahmane, der wirklich Wissende, als ‚dwij' bezeichnet, der „zum zweiten Mal Geborene". Warum eine zweite Geburt? Was ist aus der ersten Geburt geworden? Wozu braucht er die zweite Geburt? Und was erwirbt er mit der zweiten Geburt?

Durch die zweite Geburt erwirbt er das, was ihm schon bei der ersten Geburt offenstand… nur daß die Gesellschaft, die Eltern und die Menschen um ihn herum es abgewürgt, zunichte gemacht haben.

Jedes Kind wird mit Wissen vollgestopft.

Seine Einfachheit muß irgendwie beseitigt werden, weil ihm Einfachheit in einer Welt voller Konkurrenz nicht helfen wird. Seine Einfachheit wird in dieser Welt den Eindruck machen, als wäre es ein Einfaltspinsel; seine Unschuld wird auf jede erdenkliche Weise ausgenützt werden. Die Angst vor der Gesellschaft, die Angst vor der Welt hat uns geprägt; wir möchten jedes Kind klug, schlau und gebildet sehen – damit es zum Lager der Mächtigen, nicht zum Lager der Unterdrückten und Machtlosen gehöre.

Und wenn das Kind erst einmal anfängt, in die falsche Richtung zu wachsen, dann folgt es immer mehr dieser Richtung – sein ganzes Leben geht in diese Richtung.

Sobald ihr begriffen habt, daß ihr euer Leben verfehlt habt, müßt ihr als erstes die Unschuld – das fundamentale Prinzip – wiedergewinnen. Werft euer Wissen weg, vergeßt eure Heiligen Schriften, eure Religionen, eure Theologien, eure Philosophien. Werdet wiedergeboren, werdet unschuldig – und ihr habt es selbst in der Hand. Macht euren Geist frei von allem, was ihr nicht selbst erfahren habt, von allem, was geborgt ist, von allem, was euch die Tradition, die Sitte und alle anderen mitgegeben haben – die Eltern, Lehrer, Universitäten. Stoßt es ganz einfach ab.

Seid wieder einfach, seid wieder Kind!

Und dieses Wunder geschieht einfach durch eine seltsame chirurgische Methode, die alles wegschneidet, was nicht zu dir gehört und nur beibehält, was dein authentisches Wesen ist. Sie verbrennt alles andere und läßt dich nackt zurück, allein unter der Sonne, im Wind. Es ist, als wärest du der erste Mensch auf Erden – der nichts weiß, der alles neu entdecken muß, der ein Sucher sein muß, der auf eine Pilgerreise gehen muß.

Das ist das zweite Prinzip: die Pilgerreise.

Das Leben muß ein Suchen sein – kein Wünschen, sondern ein Suchen; kein Ehrgeiz, dieses oder jenes zu werden – Präsident eines Landes oder Premierminister eines Landes – sondern ein Suchen nach dem „Wer bin ich?"

Es ist höchst eigenartig, daß Leute, die nicht wissen, wer sie sind, jemand werden wollen. Sie wissen nicht einmal, wer sie im Augenblick sind! Ihr Wesen ist ihnen unbekannt – aber sie wollen unbedingt etwas werden.

Werdenwollen ist eine Krankheit der Seele.

Sein – das bist du.

Und die Entdeckung deines Seins ist der Anfang des Lebens. Dann ist jeder Augenblick eine Neuentdeckung, bringt jeder Augenblick eine neue Freude. Ein neues Mysterium öffnet seine Türen, eine neue Liebe erwacht in dir – ein neues Mitgefühl, das du nie zuvor gekannt hast, eine neue Sensibilität für das Schöne, für das Gute. Du bist so sensibel, daß noch der kleinste Grashalm eine ungeheure Bedeutung für dich annimmt. Deine Sensibilität macht dir klar, daß dieser kleine Grashalm für die Existenz genau so wichtig ist wie der größte Stern, daß die Existenz ohne diesen Grashalm ärmer wäre, als sie ist. Und dieser kleine Grashalm ist einzig, er ist unersetzbar, er hat seine eigene Individualität.

Und diese Empfänglichkeit wird dir neue Freundschaften erschließen – Freundschaften mit Bäumen, mit Flüssen, mit Ozeanen, mit Sternen. Im gleichen Maße, wie die Liebe wächst, wie die Freundlichkeit wächst, wird auch das Leben reicher.

Aus dem Leben des Franz von Assisi wird folgende schöne Anekdote berichtet: Er liegt im Sterben, und er war immer auf einem Esel herumgezogen, von einem Ort zum anderen, seine Erfahrungen andern mitteilend. Alle seine Jünger haben sich jetzt versammelt, um seinen letzten Worten zu lauschen. Die letzten Worte eines Menschen sind immer das Bedeutsamste, was er je ausgesprochen hat, denn sie fassen die Erfahrung seines ganzen Lebens zusammen. Aber was mußten seine erstaunten Jünger hören?

Franziskus wandte sich nicht an die Jünger, sondern an den Esel. Er sagte: „Bruder, ich bin dir ungeheuer viel schuldig. Du hast mich von einem Ort zum anderen getragen, ohne zu klagen, ohne je zu murren. Bevor ich diese Welt verlasse, habe ich nur den einen Wunsch: vergib mir; ich bin nicht menschlich zu dir gewesen."

Das waren die letzten Worte des Franz von Assisi. Eine enorme

Einführung – den Esel mit „Bruder Esel“ anzureden und um Vergebung zu bitten!

Je feinfühliger du wirst, desto weiter wird das Leben. Es hört auf, ein kleiner Teich zu sein, es wird ozeanisch. Es ist nicht mehr beschränkt auf dich, deine Frau und deine Kinder – es ist überhaupt nicht beschränkt. Diese ganze Existenz ist jetzt deine Familie, und solange die ganze Existenz nicht deine Familie ist, hast du nicht erfahren, was Leben ist – denn kein Mensch ist eine Insel, wir sind alle miteinander verbunden. Wir sind ein riesiger Kontinent, auf millionenfache Weise verbunden. Und im gleichen Maße, wie unsere Herzen *nicht* voller Liebe für das Ganze sind, ist unser Leben beschnitten.

Meditation gibt dir Feinfühligkeit – das große Gefühl, der ganzen Welt anzugehören. Es ist unsere Welt – die Sterne sind unser, und wir sind hier keine Fremden. Wir gehören grundsätzlich zur Existenz. Wir sind ein Teil von ihr. Wir sind das *Herz* von ihr.

Zweitens wird dir Meditation eine große Stille bringen, denn das ganze Wissensgerümpel ist fort. Gedanken, die Teil dieses Wissens sind, sind ebenfalls fort. Eine ungeheure Stille… und überrascht stellst du fest: diese Stille ist die einzige Musik, die es gibt.

Alle Musik ist nur ein Bemühen, diese Stille irgendwie zum Ausdruck zu bringen. Die Seher des alten Orients heben hervor, daß alle großen Künste – Musik, Dichtung, Tanz, Malerei, Bildhauerei – aus Meditation geboren sind. Sie sind Bemühungen, das Unbekannte auf irgendeine Art und Weise in die bekannte Welt hereinzuholen, für die, die sich nicht auf die Suche begeben wollen – einfach als Geschenk für die, die nicht bereit sind, selbst auf die Pilgerreise zu gehen.

Vielleicht ist es ein Lied, was den Wunsch auslöst, auf die Suche nach der Quelle zu gehen, oder vielleicht eine Statue… Wenn du das nächste Mal einen Tempel von Gautam Buddha oder Mahavira betrittst, setz dich einfach still hin und beobachte die Statue, denn die Statue ist so gefertigt, ist so proportioniert, daß du beim Betrachten ganz still wirst. Die Statue ist ein Abbild der Meditation, sie hat nichts mit Gautam Buddha oder Mahavira zu tun.

Deshalb sind all diese Statuen gleich – Mahavira, Gautam Buddha, Neminatho, Adinatha… alle vierundzwanzig *Theerthankaras* der Jainas: im selben Tempel kann man vierundzwanzig Statuen sehen, alle gleich – haargenau gleich.

In meiner Kindheit fragte ich meinen Vater oft: „Kannst du mir erklären, wie es möglich ist, daß vierundzwanzig Personen haargenau gleich sind? – die gleiche Größe, die gleiche Nase, das gleiche Gesicht, der gleiche Körper…"

Und er sagte dann: „Ich weiß es nicht. Ich staune selbst immer, daß es nicht den kleinsten Unterschied gibt. Und so etwas hat es einfach noch nie gegeben – es gibt nicht einmal zwei Personen auf der ganzen Welt, die gleich sind, geschweige denn vierundzwanzig!"

Aber als meine Meditation aufblühte, bekam ich die Antwort – nicht von einem andern, sondern *ich* fand die Antwort: nämlich daß diese Statuen nichts mit den betreffenden Menschen zu tun haben. Diese Statuen haben etwas mit dem zu tun, was sich im Innern dieser vierundzwanzig Menschen abgespielt hat, nämlich haargenau das gleiche.

Und wir haben uns um das Äußere nie gekümmert; wir haben immer darauf bestanden, daß nur dem Inneren Beachtung geschenkt werden darf. Das Äußere ist unwichtig. Der eine ist jung, der andere ist alt, der eine ist schwarz, der andere ist weiß, der eine ist ein Mann, der andere ist eine Frau – es spielt keine Rolle; was eine Rolle spielt, ist, daß es im Inneren einen Ozean der Stille gibt. In diesem ozeanischen Zustand nimmt der Körper eine ganz bestimmte Haltung ein.

Du hast es bestimmt schon selbst beobachtet, ohne dir dessen bewußt zu sein. Hast du bemerkt, daß, wenn du ärgerlich bist, dein Körper eine ganz bestimmte Haltung einnimmt? In der Wut kannst du deine Hände nicht offen halten; in der Wut kannst du nicht lächeln – oder etwa doch? Bei einer bestimmten Emotion muß der Körper eine bestimmte Haltung einnehmen. Schon kleinste Dinge sind eng mit deinem Innern verknüpft. Diese Statuen sind also so gefertigt, daß, wenn du einfach still dasitzt und schaust und dann die Augen schließt, ein Negativbild in deinen Körper eingeht und du Dinge zu fühlen beginnst, die du nie zuvor gefühlt hast.

Diese Statuen und Tempel wurden nicht um der Anbetung willen errichtet, sondern um der Erfahrung willen. Sie sind wissenschaftliche Laboratorien. Sie haben nichts mit Religion zu tun. Eine bestimmte Geheimwissenschaft, über Jahrhunderte hin eingesetzt, soll kommende Generationen mit den Erfahrungen der Ahnen in Berührung bringen – nicht durch Bücher, nicht durch Worte, sondern durch etwas, das tiefer geht, durch Stille, durch Meditation, durch Frieden.

In dem Maße, wie deine Stille zunimmt, nimmt auch deine Freundlichkeit, deine Liebe zu, wird dein Leben zum Tanz von Moment zu Moment, zur Freude, zum Fest.

Hört ihr das Feuerwerk da draußen? Habt ihr jemals darüber nachgedacht, warum es überall auf der Welt, in jeder Kultur, in jeder Gesellschaft ein paar Tage im Jahr gibt, wo gefeiert wird? Diese paar Feiertage sind nur eine Kompensation – denn all diese Gesellschaften haben eurem Leben alle Feier genommen, und falls man euch keine Kompensation dafür gibt, kann euer Leben der Kultur gefährlich werden.

Jede Kultur muß euch irgendeine Kompensation geben, so daß ihr euch nicht völlig im Elend, in der Traurigkeit verliert.

Aber diese Kompensationen sind unwahr. Diese Knallkörper da draußen und diese Lichter da draußen können euch nicht froh machen. Sie sind nur etwas für Kinder, für mich sind sie nur eine Belästigung. Aber in eurer inneren Welt kann es einen fortwährenden Strom von Lichtern, Liedern und Freude geben.

Vergeßt nie, daß die Gesellschaft euch immer dann Kompensationen schenkt, wenn sie das Gefühl hat, daß der unterdrückte Teil zu einer gefährlichen Explosion führen könnte, falls er nicht kompensiert wird. Die Gesellschaft findet irgendeinen Weg, euch ein Ventil für das Unterdrückte zu lassen, aber das ist kein wahres Feiern, und kann es auch nicht sein.

Wahres Feiern sollte aus eurem Leben kommen – seinem Innern. Und wahres Feiern kann sich nicht nach dem Kalender richten, so daß ihr etwa am ersten November feiert. Seltsam, das ganze Jahr hindurch seid ihr unglücklich, und am ersten November kommt ihr plötzlich aus eurem Elend heraus und tanzt. Entweder stimmt das Elend nicht – oder der erste November stimmt nicht; *beides* kann nicht stimmen. Und wenn dann der erste November vorbei ist, seid ihr wieder im schwarzen Loch – jeder in seinem Elend, jeder in seiner Angst vergraben.

Das Leben sollte ein ununterbrochenes Fest sein, das ganze Jahr ein Lichterfest. Nur dann könnt ihr reif werden, könnt ihr blühen. Macht aus kleinen Dingen ein Fest.

Zum Beispiel kennt man in Japan die Teezeremonie. In jedem Zenkloster und in jedem Haus, das es sich leisten kann, gibt es einen kleinen Tempel für das Teetrinken. Plötzlich ist Tee keine gewöhnliche, profane Sache mehr: sie haben ein Fest daraus gemacht.

Der Tee-Tempel ist auf eine ganz bestimmte Art gestaltet – in einem schönen Garten mit einem schönen Teich mit Schwänen darauf, Blumen überall… Gäste kommen, und sie müssen ihre Schuhe draußen lassen: es ist ein Tempel! Und beim Betreten des Tempels darf man nicht sprechen, sondern muß seinen Verstand, seine Gedanken und sein Gerede draußen bei den Schuhen lassen.

Man nimmt Platz in einer meditativen Stellung. Und die Gastgeberin, die Frau, die einem den Tee zubereitet... ihre Bewegungen sind so graziös, als würde sie tanzen, während sie alles vorbereitet und Tassen und Untertassen so vor euch hinstellt, als wäret ihr Götter. Mit so viel Ehrfurcht... sie wird sich verneigen, und ihr werdet es mit derselben Ehrfurcht erwidern.

Der Tee wird in einem besonderen Samowar zubereitet, der angenehm summt – eine ganz eigene Musik. Und es gehört zur Teezeremonie, daß jeder zuerst der Musik des Tees zuhört. So ist also jeder still und lauscht... Vögel zwitschern draußen im Garten, und dann der Samowar... der Tee erfindet seine eigene Weise. Über allem liegt ein gewisser Friede...

Wenn der Tee fertig und in jede Tasse eingeschenkt worden ist, dürft ihr nicht so trinken, wie es überall sonst geschieht. Zuerst werdet ihr das Aroma des Tees einsaugen. Ihr werdet den Tee Schluck für Schluck trinken, als komme er aus dem Jenseits. Man läßt sich Zeit – es gibt keine Eile. Vielleicht spielt jemand auf der Flöte oder der Sitar.

Eine ganz gewöhnliche Sache – einfach Tee... und sie haben daraus ein wunderschönes Fest gemacht, und jeder geht innerlich genährt und erfrischt daraus hervor, fühlt sich jünger, fühlt sich kräftiger.

Und was mit Tee möglich ist, ist mit allem möglich – mit eurer Kleidung, mit eurem Essen. Die Menschen leben beinahe im Tiefschlaf; sonst müßten sie sehen, daß jeder Stoff, jedes Kleidungsstück seine eigene Schönheit hat, sich besonders anfühlt. Wenn du feinfühlig bist, dann ist die Kleidung nicht nur dazu da, den Körper zu bedecken; dann ist sie etwas, das deine Individualität ausdrückt, deinen Geschmack, dein Wesen.

Alles, was du tust, sollte ein Ausdruck von dir sein, sollte deine Signatur tragen. Dann wird das Leben zu einem ununterbrochenen Fest.

Sogar wenn du krank wirst und im Bett liegst, wirst du jene Augenblicke der Bettlägerigkeit zu Augenblicken der Schönheit und Freude machen, Augenblicken der Entspannung und Ruhe, Augenblicken der Meditation, Augenblicken, wo du dir Musik oder Dichtung anhören kannst...

Du brauchst nicht traurig zu sein, weil du krank bist. Du solltest froh sein: alle andern sind im Büro, und du liegst im Bett wie ein König und entspannst dich – jemand macht dir Tee, der Samowar singt ein Lied, ein Freund hat sich angeboten, vorbeizukommen und dir auf der Flöte vorzuspielen...

Diese Dinge sind wichtiger als jede Medizin.

Wenn du krank bist, ruf den Arzt – aber wichtiger noch, rufe die, die dich lieben, denn es gibt keine bessere Medizin als die Liebe. Ruf die, die Schönheit, Musik, Poesie um dich verbreiten können; denn es gibt nichts Heilsameres als eine festliche Atmosphäre.

Medikamente sind die niedrigste Form der Behandlung. Aber anscheinend haben wir alles vergessen, so daß uns nur Medikamente bleiben und wir unleidlich und traurig sein müssen – als ob es ein solcher Verlust wäre, mal nicht im Büro zu sitzen! Im Büro hast du dich elend gefühlt! Jetzt hast du mal einen freien Tag, und schon klammerst du dich wieder an dein Elend. Du willst es nicht loslassen.

Seid in allem kreativ; macht aus dem Schlimmsten das Beste – das ist für mich die ganze Kunst. Und wenn ein Mensch sein ganzes Leben so gelebt hat, daß er jeden Augenblick und jede Phase seines Lebens zu etwas Schönem, etwas Liebevollem, etwas Freudigem gemacht hat, dann wird sein Tod natürlich der absolute Höhepunkt seiner lebenslangen Übung sein.

Die letzten Glanzlichter auf dem Gemälde... sein Tod wird nicht häßlich sein – wie es fast täglich der Fall ist. Ein häßlicher Tod bedeutet, daß dein ganzes Leben umsonst war.

Der Tod sollte ein friedliches Akzeptieren sein, ein liebevolles Eintreten in das Unbekannte, ein freudiges Abschiednehmen von alten Freunden, von der alten Welt. Er sollte ohne alle Tragik sein.

Ein Zen-Meister, Lin Chi, lag im Sterben. Tausende seiner Schüler hatten sich versammelt, um seinen letzten Worten zu lauschen, aber Lin Chi lag ganz einfach da – vergnügt lächelnd – und sagte kein einziges Wort. Als allen klar war, daß er sterben wollte, ohne ein Wort gesagt zu sagen, trat ein Mann zu Lin Chi – ein alter Freund, selber ein Meister...

Er war kein Schüler Lin Chis, und scheute sich darum nicht zu sagen: „Lin Chi, hast du vergessen, deine letzten Worte zu sprechen? Ich habe schon immer gesagt, daß dein Gedächtnis nicht ganz in Ordnung ist. Du liegst im Sterben... hast du das vergessen?"

Lin Chi sagte: „Hört doch nur!" Und auf dem Dach rannten zwei Eichhörnchen herum und quietschten. Er sagte: „Wie schön!" und starb. Jeder erwartete großartige Worte, aber da waren nur zwei Eichhörnchen, die kämpften und quietschten und auf dem Dach herumtobten... Er lächelte und starb.

Aber genau das war seine letzte Botschaft: Unterteilt nicht alles in Groß oder Klein, Wichtig oder Trivial. Alles ist wichtig. Jetzt im Moment ist Lin Chis Tod genauso wichtig wie die zwei kleinen Eichhörnchen, die auf dem Dach toben. Da gibt es keinen Unterschied. In der Existenz ist alles gleich. Das war seine ganze Philosophie, seine ganze Lebenslehre – daß es nichts gibt, was klein ist, und daß es nichts gibt, was groß ist – daß es ganz allein auf dich ankommt, was du daraus machst.

Fang an zu meditieren, und vieles wird in dir heranwachsen – Stille, Gelassenheit, Seligkeit, Feinfühligkeit. Und was immer sich aus dem Meditieren ergibt, das versuche, in deinem Leben zum Ausdruck zu bringen. Teile es mit andern; denn alles, was man mit andern teilt, wächst schnell.

Und wenn du an der Schwelle des Todes stehst, wirst du wissen, daß es keinen Tod gibt. Du kannst Abschied nehmen… kein Grund zu Tränen der Trauer – vielleicht zu Tränen der Freude, aber nicht der Traurigkeit.

Aber zuallererst mußt du anfangen, unschuldig zu werden.

Zuerst also wirf allen Mist raus, den du mitschleppst. Und jeder schleppt soviel Mist mit! Und man fragt sich, wozu? Nur weil irgendwelche Leute dir weisgemacht haben, es handle sich da um große Ideen und Grundsätze…

Du bist einfach nicht intelligent mit dir umgegangen.

Geh intelligent mit dir um!

Das Leben ist ganz leicht; es ist ein freudiger Tanz. Und die ganze Welt kann voll Freude und Tanz sein, aber da gibt es Leute, die ein handfestes Interesse daran haben, daß niemand sein Leben genießt, daß niemand lacht, daß das Leben eine Sünde ist, daß es eine Strafe ist.

Wie kannst du es genießen, wenn das ganze Lebensklima dir von allen Seiten signalisiert, daß das Leben eine Strafe ist, die du erleiden mußt, weil du falsch gehandelt hast, und daß es eine Art Gefängnis ist, in das du geworfen wurdest, um zu büßen?

Ich sage dir: das Leben ist kein Gefängnis, es ist keine Strafe. Es ist eine Belohnung, und es wird nur denen gegeben, die es verdient haben, die es verdienen. Jetzt ist es dein Recht, es zu genießen; es ist Sünde, wenn du es *nicht* genießt.

Du handelst gegen die Existenz, wenn du sie nicht verschönerst, wenn du sie einfach wieder so verläßt, wie du sie vorgefunden hast.

Nein, hinterlasse die Welt ein bißchen glücklicher, ein bißchen schöner, ein bißchen wohlriechender.

EINE SEHR GEFÄHRLICHE SITUATION

Bhagwan,
ich wurde von deiner Kommune Rajneeshpuram in Amerika angezogen wie von einem Magneten. Ich wußte einfach zutiefst: es gibt keinen anderen Ort auf diesem Planeten, wo ich das Leben so in seiner Totalität erfahren konnte. Ich hatte weder Bücher von dir gelesen, noch andere Bücher über die Suche nach Wahrheit, nach Bewußtsein, nach Bewußtseinserweiterung.
Ich frage mich, wie ich immer wieder zu diesem Brunnen komme, wenn ich mich nicht mal durstig fühle, oder jedenfalls diesen Durst nicht verspüre.

Das Leben ist ein Mysterium, und es ist nicht immer möglich, Erklärungen für das zu finden, was dir zustößt oder warum es dir zustößt. Warum bist du überhaupt auf der Welt? Darauf gibt es keine Antwort. Warum entzündet sich plötzlich die Liebe in dir, ohne sich vorher anzukündigen? Darauf gibt es keine Antwort. Warum findest du die Rosenblüte schön? Du kannst es nicht erklären.

Du sagst: „Ich wurde von deiner Kommune angezogen wie von einem Magneten, ohne zu verstehen, warum ich da war." Niemand versteht es. Glaubst du, daß alle diese Leute hier verstehen, warum sie hier sind? Glaubst du, daß ich weiß, warum ich hier bin? Bestenfalls läßt sich sagen: Ich bin euretwegen hier, und ihr seid meinetwegen hier. Aber das erklärt gar nichts. „Ich wußte einfach zutiefst, es gab keinen anderen Platz auf diesem Planeten, wo ich das Leben so in seiner Totalität erfahren konnte." Das ist mehr als genug... angezogen zu werden wie magnetisiert.

Jeder sehnt sich in seinem Herzen danach, das Leben total zu leben, aber die Gesellschaft erlaubt es dir nicht, die Kultur hindert dich, die Religion hat dich im Griff, die Familie beschneidet dir die Flügel. Überall um dich herum gibt es Menschen, die ein handfestes Interesse daran haben, daß du nicht total lebst. Man fragt sich, warum sie ein solches Interesse daran haben, andere zu hindern, nicht total zu leben: ihre ganze Ausbeutung der Menschheit hängt davon ab.

Ein Mensch, der total lebt, braucht keinen Alkohol oder sonst eine Droge. Natürlich können die Leute, die Millionen von Dollars an Alkohol und Drogen verdienen, euch nicht erlauben, total zu leben. Totales Leben macht solche Freude, daß du dir deine Freude nicht durch den Alkohol zerstören läßt. Nur unglückliche Leute brauchen Alkohol – Leute, die Kummer haben, Leute, die irgendwie ihre Probleme, ihre Ängste wenigstens ein paar Stunden lang vergessen möchten. Dabei verändert der Alkohol überhaupt nichts – aber auch nur mal ein paar Stunden abzuschalten, scheint für Millionen eine absolute Notwendigkeit zu sein.

Wenn der Mensch total lebt, ist jeder Augenblick eine solche Erfüllung für ihn, daß vor den Kinos keine Warteschlangen mehr zu sehen sein werden. Wer will schon andern bei der Liebe zusehen, wenn man selber lieben kann? Warum solltest du ins Kino gehen, wenn dein eigenes Leben ein solches Mysterium und ein so ungeheures Entdeckungsabenteuer ist… Wen interessieren dann noch drittklassige Schmalzfilme?

Der Mensch, der total lebt, wird ehrgeizlos. Weil er im Jetzt so glücklich ist, kann er sich gar nicht vorstellen, daß noch mehr möglich ist. Der gewöhnliche Wahn des menschlichen Verstandes – der Wunsch nach mehr und immer mehr – kommt daher, daß ihr nicht total lebt. Es klafft immer eine Lücke, immer fehlt etwas. Du weißt: manches hätte besser sein können. Aus solch einem halbgelebten Leben kommt aller Ehrgeiz, und dann fängt das ganze Gesellschaftskarussell an: die Leute möchten reich werden, die Leute möchten berühmt werden, die Leute möchten Politiker werden, die Leute möchten Präsidenten und Premierminister werden.

Bis jetzt war die Menschheit dadurch bestimmt, daß es dem Einzelnen nicht erlaubt war, total zu leben, und zwar durch alle möglichen Hindernisse. Der totale Mensch würde ja nur all die etablierten Machtinteressen auf der Welt untergraben. Der totale Mensch ist für die etablierten Mächte der gefährlichste Mensch. Ihr könnt einen Menschen nicht versklaven, der sein Leben in Hülle und Fülle genießt. Ihr könnt ihn nicht zwingen, zum Militär zu gehen, Leute zu töten und sich töten zu lassen. Eure ganze Gesellschaftsstruktur wird zusammenbrechen…

Mit dem totalen Menschen wird es auch zu einer anderen Gesellschaftsstruktur kommen: ohne Ehrgeiz, aber ungeheuer fröhlich – ganz ohne „die großen Tiere". Vielleicht habt ihr darüber nie nachgedacht:

„Große" kann es nur deshalb geben, weil Millionen Menschen nicht groß sind; wer würde sich sonst an Gautam Buddha erinnern? Wenn es Millionen von Gautam Buddhas gäbe, Millionen von Mahaviras, Millionen von Jesusgestalten – wer würde nach diesen Leuten fragen?

Diese wenigen Menschen sind nur deshalb „groß" geworden, weil es Millionen nicht erlaubt ist, total zu leben. Wer würde in die Kirchen gehen, wenn die Leute nicht unglücklich wären… wer in die Tempel, die Synagogen, die Moscheen? Wer wäre dort zu finden? Ein Mensch, der jeden Moment mit solcher Intensität lebt, daß das Leben selbst zu einem Paradies geworden ist, daß das Leben selbst göttlich geworden ist, braucht kein Anbeter toter Statuen, toter Schriften, morscher Ideologien, dummer Götzen zu sein.

Der totale Mensch ist für euer jetziges Establishment die größte Gefahr auf der Welt.

Und ihr könnt es selber sehen. Warum werde ich von der ganzen Welt verurteilt? Es kommt nicht von ungefähr... Falls sie mich kreuzigen, kann ich Gott nicht erzählen: „Herr, vergib diesen, denn sie wissen nicht, was sie tun." Zum ersten gibt es keinen Herrgott, zu dem ich überhaupt reden könnte; zum zweiten könnte ich nicht sagen: „Sie wissen nicht, was sie tun." Ich kann nur sagen: „Sie tun genau, was sie wollen, und sie tun es wissentlich."

Ihre ganze Lebensweise ist in Gefahr. Zwar mag ihnen ihre Lebensweise kein Glück bescheren, aber es ist *ihr* Unglück. Und diese Unglücksgeschöpfe bilden die unübersehbare Mehrheit! Und sie können Leute nicht leiden, die nichts haben und dennoch so glücklich und zufrieden, so ungeheuer fröhlich sind, daß ihre Herzen von Liedern überfließen und jeden Augenblick ekstatisch zu tanzen bereit sind.

Der US-Justizminister hat vor Journalisten gesagt: „Unsere Priorität war es, Bhagwans Kommune zu vernichten." Man fragt sich, warum sich eine große Nation mit so viel Macht von einer kleinen Kommune von fünftausend Leuten, die fernab von Amerika in einer Wüste leben, bedroht fühlt? Die nächste amerikanische Siedlung war dreißig Kilometer weit weg!

Warum haben sie sich so große Sorgen gemacht? Warum haben sie mich in jeder christlichen Kirche verdammt? Aus dem einfachen Grund, daß diese fünftausend Menschen ein unbehindertes Leben führten.

Sie lebten wirklich in totaler Freiheit; sie hatten alle Handicaps abgeworfen. Vermutlich haben nirgendwo auf der ganzen Welt Menschen härter gearbeitet als sie – zwölf, manchmal vierzehn Stunden am Tag – und doch hatten sie abends noch Energie, stundenlang zu tanzen, stundenlang zu singen, früh morgens aufzustehen und stundenlang zu meditieren.

Damit entstand eine sehr gefährliche Situation. Wenn diese

Leute, die nichts haben, so voller Freude leben, warum sind dann all die Christen Amerikas und all die Juden Amerikas, die alles haben, so unglücklich?

Wir feierten sogar den Tod – sie dagegen waren nicht einmal fähig, das Leben zu feiern. Wann immer ein Sannyasin starb, war das eine Gelegenheit zu feiern, ihm einen guten Abschied zu bereiten, tanzend und singend:

Er geht auf eine ewige Reise, und vielleicht werden wir uns nie wiedersehen. Das ist nicht der Augenblick zu trauern und unglücklich zu sein, zu jammern und zu weinen.

Das wurde für Amerika zum Problem. Das ist der Grund, warum es für sie eine Priorität wurde, die Kommune zu vernichten. Und sie setzten alles denkbar Illegale, Kriminelle und Verfassungswidrige in Bewegung.

Aber diese fünftausend Leute waren hilflos. Sie hatten nie gedacht, daß es lebensgefährlich sein könnte, froh zu sein. Sie hatten nie gedacht, daß man sich in einer unglücklichen Welt so wie jeder andere verhalten muß. Wenn alles jammert und weint, dürft ihr nicht lachen, sonst werden euch diese jammernden und weinenden Leute töten.

Du fühltest dich zur Kommune hingezogen, *weil* du keine Bücher gelesen hattest und du nicht mit geliehenem Wissen belastet warst. Du warst nicht auf der Suche nach Wahrheit; sonst hättest du natürlich in Heiligen Schriften nachgesehen, wärst zu den Rabbis, zu den Bischöfen, zu den Gelehrten gegangen. Weil du nicht daran interessiert warst, nach der Wahrheit zu suchen und weder meine Bücher noch die Bücher anderer gelesen hattest, warst du geistig unschuldig und unvorbelastet. Genau dieser Eigenschaft wegen fühltest du dich zu meiner Kommune hingezogen.

Und als du in der Kommune warst, konntest du sehen, daß das Leben auf eine völlig andere, auf eine intelligentere Weise gelebt werden kann, daß der Mensch bisher einfach eine große Chance versäumt hat: eine Chance, wie er sich selbst entdecken kann, wie er neue Bereiche des Seins, neue Blumen des Glücks, eine neue Liebe entdecken kann – eine Liebe, die nicht zur Fessel wird, sondern eine Liebe, dic dich freier macht als du es jemals zuvor gewesen bist; eine Liebe, die dir die Freiheit schenkt.

Und zum ersten Mal muß dir bewußt geworden sein, daß fünftausend Menschen aller Rassen, aller Religionen, ja beinahe aller Länder, aller Hautfarben ganz einfach wie eine riesige Familie zusammenleben können. Nur zu erleben, wie fünftausend Menschen in *einer* Küche essen – und zu Festivalzeiten aßen zwanzigtausend Sannyasins zusammen – und niemand fragte danach, wer Christ oder Jude oder Mohammedaner war. Niemand wollte auch nur wissen: „Was ist deine Religion?"

Jeder verstand, daß unsere Religion darin besteht, total und voll zu leben, und jeden anderen auf seine Art und Weise leben zu lassen, ganz nach seinen Vorlieben und Abneigungen, sich auf keine Weise in das Leben anderer einzumischen, und niemandem zu erlauben, sich in *dein* Leben einzumischen. Fünftausend Individuen… aber so lebend, als wären sie eine einzige organische Einheit!

Es liegt an deiner Intelligenz und deiner Unschuld, daß du immer wieder zu diesem Brunnen gekommen bist. Und ob du nun durstig bist oder nicht… Es gibt Arten von Durst, von denen dein Bewußtsein nichts weiß, so tief sind sie in deinem Unbewußten. Aber wenn du zum Brunnen kommst, wirst du eine große Sättigung finden. Du magst den Durst vielleicht nicht spüren, aber du wirst spüren, daß etwas in dir gestillt wurde.

RISKIERE ALLES

Zum Leben gehört viel Mut. Feige vegetieren nur, sie leben nicht, denn ihr ganzes Leben orientiert sich an der Angst; und das angstorientierte Leben ist schlimmer als der Tod. Sie leben in einer Art Paranoia, sie haben Angst vor allem; und nicht nur vor wirklichen Dingen, sie haben sogar Angst vor unwirklichen Dingen. Sie haben Angst vor der Hölle, sie haben Angst vor Geistern, sie haben Angst vor Gott. Sie haben Angst vor tausend Dingen, die sie oder ihresgleichen ausgedacht haben. Die Angst wird so groß, daß das Leben unmöglich wird.

Nur der Mutige kann leben. Der erste Schritt, der gelernt werden muß, ist Mut. Allen Ängsten zum Trotz sollte man zu leben anfangen. Und warum ist Mut notwendig, um zu leben? Weil Leben Unsicherheit ist. Wenn du zu sehr auf Sicherheit und Schutz bedacht bist, dann wirst du auf einen sehr kleinen Winkel beschränkt bleiben, fast wie in einem selbstgemachten Gefängnis. Es wird sicher sein, aber es wird nicht lebendig sein. Es wird geschützt sein, aber es wird nicht lebendig sein. Es wird geschützt sein, aber es wird kein Abenteuer und keine Ekstase geben.

Das Leben liegt im Erforschen, im Gang ins Unbekannte, im Griff nach den Sternen. Seid mutig und opfert alles zu Füßen des Lebens; nichts ist wertvoller. Opfert euer Leben nicht für kleine Dinge – Geld, Schutz, Sicherheit; nichts davon ist wertvoll. Man muß sein Leben so total wie möglich leben; nur dann kommt Freude auf, nur dann wird das überfließende Glück möglich.

Wer wirklich leben will, muß viele Risiken eingehen. Er muß immerfort ins Unbekannte gehen. Er muß eine der fundamentalsten Lektionen lernen: daß es kein Zuhause gibt, daß das Leben eine Pilgerreise ist – kein Anfang, kein Ende. Ja, es gibt Orte, wo du ausruhen kannst, aber das sind nur Herbergen für eine Nacht und am Morgen mußt du weiterziehen. Das Leben ist dauernde Bewegung, es kommt nie an ein Ende – und so ist das Leben ewig.

Der Tod hat einen Anfang und ein Ende.

Aber du bist nicht Tod, du bist Leben.

Der Tod ist ein Mißverständnis. Die Menschen erfinden den Tod, weil sie sich nach Sicherheit sehnen. Es ist der Wunsch nach Sicherheit und Schutz, der den Tod erzeugt, der dir vor dem Leben Angst macht, der dich davor zurückschrecken läßt, ins Unbekannte zu gehen.

Die einzige Nahrung des Lebens ist Risiko: je mehr du riskierst, desto lebendiger bist du. Und wenn du das einmal verstehst – nicht aus Verzweiflung, nicht aus Hilflosigkeit, sondern aus meditativer Bewußtheit – wenn du das einmal verstehst, bist du schier hingerissen von der Schönheit seiner Möglichkeiten.

Der Mensch kann Heimatlosigkeit auch aus Verzweiflung akzeptieren; dann aber hat man es völlig mißverstanden. Genau an dem Punkt sitzt das ganze Mißverständnis der Existentialisten. Sie kommen der Sache sehr nahe; sie waren wirklich ganz nahe dran; die Wahrheit war gleich um die Ecke. Sie waren so nahe dran wie nur irgendein Buddha, aber dann ging es daneben. Statt froh darüber zu sein, wurden sie ganz traurig, daß das Leben keinen Sinn hat, daß das Leben kein Ziel hat, daß das Leben keine Sicherheit hat. Sie verloren den Boden unter den Füßen, es war sehr vernichtend.

Die Buddhas sind genau zum selben Schluß gekommen, aber statt traurig zu werden, sprangen sie ins Unbekannte hinein. Sie ließen alle Grenzen hinter sich. Sie akzeptierten, daß das Leben so ist. Sie akzeptierten, daß dies das eigentliche Wesen des Lebens ist, daß es keinen Sinn macht, enttäuscht zu sein. Und sie begriffen, wie schön es ist, daß das Leben unsicher ist; denn dann kann man forschen, dann kann man erfinden, dann kann man auf Neues stoßen, dann kann man Überraschungen erleben. Wenn alles gesichert, gewiß, garantiert, vorherbestimmt wäre, würde es keine Spannung und keinen Tanz geben.

Die Buddhas haben getanzt! Als sie das Unglaubliche, das Wunder passieren sahen, da haben sie gejubelt. Jesus sagt immer wieder zu seinen Jüngern: „Freuet euch, freuet euch! Und abermals sage ich: freuet euch!"

Und das ist all mein Lehren! Ich gebe euch kein Ziel; ich gebe euch noch nicht mal eine Richtung. Ich mache euch nur das Sosein des Lebens bewußt: was es ist, wie es ist. Kommt in Einklang mit ihm, geht mit ihm mit, ohne persönliche, private Wünsche, ohne Erwartungen, wie es sein sollte. Laßt es sein, wie es ist und entspannt euch.

Eure Häuser sind eher wie Gräber. Ihr seid zu sehr um Sicherheit besorgt. Und eine zu große Sorge um Sicherheit tötet, denn Leben ist unsicher. Es ist eben so! Nichts läßt sich daran ändern, niemand kann es absichern. Alle Sicherheiten sind falsch, alle Sicherheiten sind Einbildung. Eine Frau liebt dich heute – morgen… wer weiß? Wie kann dir das Morgen sicher sein? Du magst zwar zum Standesamt gehen und es eintragen lassen, dich legal absichern, daß sie auch morgen deine Frau bleiben wird. Sie mag auch auf Grund der rechtlichen Verpflichtung deine Frau bleiben, aber die Liebe kann verschwinden. Die Liebe kennt keine Legalität. Und wenn die Liebe verschwindet und die Ehefrau Ehefrau bleibt und der Ehemann Ehemann, dann ist etwas Totes zwischen ihnen. Der Sicherheit wegen schaffen wir die Ehe. Der Sicherheit wegen schaffen wir die Gesellschaft. Der Sicherheit wegen folgen wir immer dem vorgegebenen Trampelpfad.

Das Leben ist wild. Die Liebe ist wild. Und Gott ist absolut wild. Er wird nie in eure Gärten kommen, sie sind zu menschenmäßig. Er wird nie in eure Häuser kommen, sie sind zu klein. Er wird nie auf euren Trampelpfaden anzutreffen sein. Er ist wild.

Merkt euch: das Leben ist wild.

TEIL II

LIEBEN

„Ich nenne den einen Materialisten,
der die Kunst der Liebe nicht kennt.
Ich nenne nicht den einen Materialisten,
der nicht an Gott glaubt –
und ich nenne nicht den religiös,
der an Gott glaubt.
Ich nenne den religiös,
der in seiner Liebe, seinem Vertrauen
immerzu weiterwächst…
und dessen Ekstase
sich immer weiter ausbreitet,
über die ganze Schöpfung hin."

Bhagwan Shree Rajneesh

DIE INNERE MUSIK

Das Herz des Menschen ist ein Musikinstrument, es birgt große Musik. Sie schläft, aber sie ist da und wartet darauf, im richtigen Moment angestimmt zu werden, ausgedrückt zu werden, gesungen zu werden, getanzt zu werden. Und es geschieht durch die Liebe, daß dieser Moment kommt. Ein Mensch ohne Liebe wird niemals wissen, welche Musik er in seinem Herzen getragen hat. Es geschieht nur durch Liebe, daß diese Musik lebendig wird, erwacht, vom Möglichen zum Wirklichen übergeht. Liebe löst den Prozeß aus, Liebe ist ein Katalysator. Und wenn die Liebe keinen Prozeß der inneren Musik in dir auslöst, dann muß es etwas anderes sein, das sich als Liebe verkleidet hat, jedenfalls keine Liebe. Es ist vielleicht Lust, es ist vielleicht nur Sexualität, Sinnlichkeit. Es ist nichts falsch an Sexualität oder Sinnlichkeit, es ist nichts falsch an Lust. Ich verdamme sie nicht, sie taugen als das, was sie sind, aber sie sind nicht Liebe. Sie können vorgeben, Liebe zu sein, sie können dich dazu verleiten zu glauben, es sei Liebe. Und dies ist das Merkmal, woran du das erkennen kannst: wenn deine innere Musik zu fließen beginnt, dann ist es Liebe. Plötzlich fühlst du dich in tiefer Harmonie. Du bist kein Mißklang mehr, du wirst zum Akkord. Du bist kein Chaos mehr, du wirst zum Kosmos; und das Leben nimmt eine neue Qualität an, die Qualität des Jubilierens, die Qualität des Hallelujah! Das ist das einzige Kriterium: suche weiter, gehe immer tiefer und tiefer in die Liebe hinein, und eines Tages wirst du auf deine innere Musik stoßen. Und danach ist das Leben nicht mehr so wie früher. Ja, danach fängt das Leben erst richtig an.

WAS IST LIEBE?

Bhagwan,
was ist Liebe? Warum habe ich solche Angst vor Liebe? Warum fühlt sich Liebe an wie eine unerträgliche Qual?

Du fragst: was ist Liebe? Sie ist das tiefe Verlangen, eins zu sein mit dem Ganzen, das tiefe Verlangen, „Ich“ und „Du“ in einer Einheit aufzulösen. Liebe ist deshalb dieses tiefe Verlangen, weil wir von unserer eigenen Quelle abgeschnitten sind. Aus dieser Trennung heraus entsteht der Wunsch, wieder ins Ganze zurückzufallen, eins damit zu werden.

Wenn du einem Baum seinen Boden nimmst, wenn du ihn entwurzelst, dann fühlt der Baum ein großes Verlangen, wieder in der Erde verwurzelt zu sein, weil das sein wahres Leben war. Nun stirbt er. Abgetrennt kann der Baum nicht existieren. Er muß in der Erde, mit der Erde, durch die Erde existieren. Genau das ist Liebe.

Dein Ego ist zu einer Barriere zwischen dir und deiner Erde geworden – dem Ganzen. Der Mensch erstickt, er kann nicht atmen, er hat seine Wurzeln verloren. Er wird nicht mehr genährt. Liebe ist ein Verlangen nach Nahrung. Liebe ist, Wurzeln in der Existenz zu schlagen.

Und das ist leichter, wenn du mit dem entgegengesetzten Pol zusammenfällst – daher wird der Mann von der Frau angezogen und wird die Frau vom Mann angezogen. Der Mann kann durch die Frau seinen Boden finden, er kann durch die Frau wieder geerdet werden, und die Frau kann durch den Mann geerdet werden. Sie sind komplementär. Der Mann allein ist halb, in dem verzweifelten Bedürfnis, ganz zu sein. Die Frau allein ist halb. Wenn diese zwei Hälften sich treffen und ineinander verschmelzen, fühlt man sich zum ersten Mal verwurzelt, geerdet: große Freude steigt im Innersten auf.

Nicht nur in der Frau findest du dann deine Wurzeln, sondern – durch die Frau – auch in Gott. Die Frau ist nur eine Tür; der Mann ist nur eine Tür. Mann und Frau sind Türen zu Gott. Das Verlangen nach Liebe ist das Verlangen nach Gott. Ihr mögt dies begreifen oder ihr mögt dies nicht begreifen; aber das Verlangen nach Liebe ist in Wirklichkeit der Beweis der Existenz Gottes.

Es gibt keinen anderen Beweis. Weil der Mensch liebt, ist Gott. Weil der Mensch nicht ohne Liebe leben kann, ist Gott.

Der Drang nach Liebe besagt einfach, daß wir *allein* leiden und sterben, *gemeinsam* aber wachsen und genährt, erfüllt und befriedigt werden.

Du fragst: „*Was ist Liebe? Warum habe ich solche Angst vor Liebe?*"

Und genau deshalb hast du auch Angst vor der Liebe – weil du in dem Moment, wo du in die Frau eintauchst, dein Ego verlierst; und auch die Frau verliert, wenn sie in den Mann eintaucht, ihr Ego.

Das muß jetzt verstanden werden: du kannst nur dann im Ganzen verwurzelt sein, wenn du dich selber verlierst; anders geht es nicht. Du wirst vom Ganzen angezogen, weil du dich ungenährt fühlst; aber dann, wenn der Moment kommt, dich im Ganzen aufzulösen, wirst du plötzlich sehr ängstlich. Eine große Angst steigt auf, weil du dich selber verlierst. Du schreckst zurück. Das ist das Dilemma. Jeder einzelne Mensch hat sich dem zu stellen, muß dem begegnen, muß da hindurchgehen, muß es verstehen und transzendieren.

Du mußt verstehen, daß beide Dinge aus derselben Quelle kommen. Du fühlst, daß es schön wäre, sich aufzulösen – keine Sorgen, keine Angst, keine Verantwortung. Du wirst ein Teil des Ganzen, so wie es die Bäume sind und die Sterne sind. Allein schon die Vorstellung ist phantastisch! Sie öffnet Türen, mysteriöse Türen, die in dein Innerstes führen, sie läßt Dichtung entstehen! Sie ist romantisch. Aber wenn du dich tatsächlich darauf einläßt, dann kommt die Angst auf: „Ich werde verschwinden – und wer weiß, was dann passiert?“

Es ist wie ein Fluß, der die Wüste erreicht, der dem Flüstern der Wüste lauscht... er zögert. Er möchte sie überwinden, möchte auf die Suche nach dem Ozean gehen, fühlt, daß da ein Verlangen ist und eine subtile Intuition und Gewißheit und Überzeugung, die da sagt: „Meine Bestimmung ist es, jenseits der Wüste zu gehen.“ Dafür läßt sich kein sichtbarer Grund anführen, aber da ist eine innere Überzeugung, die sagt: „Ich soll nicht hier enden, ich muß nach etwas Größerem suchen.“ Irgendetwas tief im Innern sagt: „Versuche es, versuche es mit allen Kräften, und überwinde diese Wüste!“

Und dann sagt die Wüste: „Hör zu. Der einzige Weg ist der, dich in die Lüfte zu verdunsten. Sie werden dich aufnehmen, sie werden dich über die Wüste hinwegtragen.“ Der Fluß möchte über die Wüste hinausgelangen, aber da stellt sich natürlich die Frage: „Was ist denn der Beweis und die Garantie, daß die Lüfte mich wieder zu einem Fluß werden lassen? Wenn ich erst einmal verschwunden bin, werde ich überhaupt keine Kontrolle mehr haben. Was garantiert mir denn, daß ich wieder der gleiche Fluß sein werde, die gleiche Form, der gleiche Name, der gleiche Körper? Und wer will das wissen? Und wie kann ich mich darauf verlassen, daß mich die Lüfte, wenn ich mich ihnen erst ausgeliefert habe, auch wieder laufen lassen?

Genau das ist die Angst der Liebe.

Du weißt, du bist überzeugt, es gibt ohne Liebe keine Freude, ohne Liebe kein Leben: ohne Liebe hungerst du nach etwas Unbekanntem, unerfüllt, leer. Du bist hohl, du hast nichts. Du bist einfach ein Gefäß ohne Inhalt. Du fühlst die Hohlheit, die Leere und das ganze Elend. Und du bist überzeugt, daß es Möglichkeiten gibt, dich zu erfüllen. Aber wenn du dich der Liebe näherst, kommt eine große Angst, ein Zweifel auf: Wenn du jetzt nachgibst, wenn du da wirklich hineingehst – wirst du dann jemals fähig sein, wieder zurückzukommen? Wirst du fähig sein, deine Identität, deine Persönlichkeit zu wahren? Ist es dieses Risiko wert? Und der Verstand beschließt, kein solches Risiko einzugehen, denn wenigstens *bist du da* – wenn auch unterernährt, hungrig, unglücklich – aber wenigstens bist du da. Wenn du dich in irgendeine Liebe auflöst, wer weiß? *Du* kommst abhanden, und was ist dann die Garantie, daß es Freude geben wird, daß es Seligkeit geben wird, daß es Gott geben wird?

Es ist die gleiche Angst, die ein Samenkorn fühlt, wenn es sich sterbend in den Boden aufzulösen beginnt. Es ist der Tod. Und das Samenkorn kann sich nicht vorstellen, wie aus dem Tod wieder Leben entstehen soll.

Liebe ist Tod. Und Liebende können nicht begreifen, daß dieser Tod nur von dieser Seite aus Tod ist. Von der anderen Seite her ist es die wahre Geburt.

Sie ist schmerzhaft. Und Angst kommt auf, und Zweifel kommen auf, und viele Male fühlst du und wirst sagen: „So dringlich ist es auch wieder nicht." Der Verstand wird sagen: „Worauf läßt du dich ein? Wofür? Rette dich und flieh!" Und der Verstand wird tausend Fluchtgründe finden, und der Verstand ist sehr schlau im Erfinden von Gründen. Er ist ein Rationalisierer. Wo Gründe fehlen, erfindet er welche. Und sie werden dir gefallen, weil sie deinem Ego gefallen.

Das ist das Unglück, das Dilemma, die Qual: der Mensch möchte lieben, aber der Mensch bäumt sich auch davor auf, zu lieben. Bevor du das nicht verstehst und trotz deiner Angst handelst, wirst du nie fähig werden zu lieben.

LIEBE IST DER TANZ DEINES LEBENS

Das Leben ist eine Chance: der Boden, auf dem die Rosen der Liebe blühen.

Liebe ist ein Wert an sich; sie dient keinem Zweck; sie hat keine Bedeutung. Sie hat ungeheure Wichtigkeit; sie hat große Freude; sie hat ihre eigene Ekstase – aber das sind keine Bedeutungen. Liebe ist nicht ein Geschäft, wo es auf Zwecke, auf Ziele ankommt.

In der Liebe ist immer eine gewisse Verrücktheit.

Und was ist diese Verrücktheit? Die Verrücktheit ist, daß du nicht beweisen kannst, warum du liebst. Du kannst keine vernünftige Erklärung für deine Liebe finden. Du kannst sagen, du gehst einer bestimmten Arbeit nach, weil du Geld brauchst; du brauchst Geld, weil du ein Haus brauchst. Du brauchst ein Haus, weil – wie kannst du ohne Haus leben?

In deinem gewöhnlichen Leben dient alles irgendeinem Zweck, aber Liebe – dafür kannst du keinen Grund angeben. Du kannst lediglich sagen: „Ich weiß es nicht. Ich weiß nur, daß Liebe heißt, den allerschönsten Zustand in mir zu erfahren.“ Aber das ist kein Zweck. Dieser Zustand ist nichts Zerebrales. Dieser Zustand läßt sich nicht zur Ware machen. Dieser Zustand ist wie eine Rosenknospe mit einem Tautropfen darauf... der glänzt wie eine Perle, und in der frühen Morgenbrise und in der Sonne tanzt die Rosenknospe.

Liebe ist der Tanz deines Lebens.

Darum haben die, die nicht wissen, was Liebe ist, den eigentlichen Tanz des Lebens verpaßt. Sie haben die Chance verpaßt, Rosen wachsen zu lassen. Genau deswegen erscheint die Liebe dem weltlichen Denken, dem rechnerischen Denken, dem Computerdenken – dem Mathematiker, dem Wirtschaftsexperten, dem Politiker – wie eine Art Wahnsinn.

Aber für alle, die die Liebe kennen, ist Liebe das einzig Vernünftige. Ohne Liebe mag ein Mensch reich, gesund, berühmt sein – aber geistig gesund kann er nicht sein, weil er nichts von inneren Werten weiß. Ein gesunder Geist ist nichts als der Duft von den Rosen, die dir im Herzen blühen.

Liebende brauchen keine psychiatrische Behandlung. Vielmehr ist Liebe das größte Heilmittel. Wer ohne sie ausgeht, ist leer und unerfüllt geblieben. Der gewöhnliche Wahnsinn hat keine Methode, aber der Wahnsinn namens Liebe hat eine gewisse Methode. Und was ist ihre Methode? Daß sie dich fröhlich macht, daß sie dein Leben zu einem Lied macht, daß sie dir große Anmut verleiht.

Habt ihr die Menschen beobachtet? Wenn jemand sich verliebt, braucht er es nicht an die große Glocke zu hängen. Ihr seht es seinen Augen an: eine neue Tiefe ist entstanden. Ihr seht in seinem Gesicht eine neue Anmut, eine neue Schönheit. Ihr seht in seinem Gang einen unmerklichen Tanz. Er ist noch der gleiche, und doch ist er nicht der gleiche. Die Liebe ist in sein Leben getreten, der Frühling ist in sein Dasein gekommen, Blumen sind in seiner Seele aufgeblüht.

Liebe bewirkt sofortige Transformationen.

Der Mensch, der nicht lieben kann, kann auch nicht intelligent sein, kann auch nicht anmutig sein, kann auch nicht schön sein. Sein Leben ist einfach eine Tragödie.

All die religiösen Lehrer haben euch ständig erzählt: „Euer Leben ist nichtig, denn es ist nichts als eine Seifenblase. Heute ist es da, morgen ist es fort. Euer Leben in dieser Welt, in diesem Körper, ist überhaupt nichts wert, weil es momentan ist. Sein ganzer Nutzen ist, daß ihr ihm entsagen könnt. Und indem ihr ihm entsagt, könnt ihr euch in den Augen Gottes tugendreich machen."

Eine komische Ideologie! Aber sie hat über Jahrhunderte den Geist der Menschen beherrscht, ohne je in Frage gestellt zu werden. Vor allem im Osten ist die Welt illusorisch. Und warum ist sie illusorisch? Weil sie sich ändert. Alles was sich ändert, hat keinen Zweck, ist wertlos. Nur das Dauerhafte – das, was immer gleich bleibt – ist bedeutungsvoll...

Dabei könnt ihr auf der ganzen Welt nichts finden, was immer gleich bleibt!

Dieser ganze Ansatz basiert auf der Behauptung, daß die Welt eine Illusion sei, weil sie nicht dauerhaft sei. „Sucht das Dauerhafte und entsagt dem Undauerhaften!" – das ist mehr oder weniger die Einstellung aller Religionen der Welt.

Außer Veränderung ändert sich alles. Es sei denn, ihr wollt die Veränderung zum Gott erheben: denn das ist das einzig Dauerhafte auf der Welt. Ihr könnt sonst nichts finden, was auch nur andeutungsweise auf einen dauerhaften Gott schließen ließe.

Liebt das Leben, *weil* das Leben etwas Veränderliches ist. Es ist jeden Augenblick etwas Fließendes. Als du diese Halle betratst, warst du jemand anders. Wenn du diese Halle verläßt, wirst du nicht der gleiche Mensch sein. Du bist nur dem Schein nach der gleiche Mensch.

In diesen zwei Stunden verändert sich in dir so viel! Es ist wie der Ganges, der in zwei Stunden so viel Wasser meilenweit flußabwärts getragen hat... obwohl er noch der gleiche Fluß zu sein scheint, ist es nicht mehr das Wasser, das noch vor zwei Stunden da war.

Heraklit sagt, daß das Leben ein Fließen ist, ein Fluß. „Und bedenke, du kannst nicht zweimal in den gleichen Fluß steigen – weil er nicht mehr der gleiche sein wird."

Die Menschen, die am meisten vom Glück verstehen, sind die,

die im Einklang sind mit dem sich ändernden Leben, die sogar Seifenblasen lieben können, schillernd in der Sonne, kleine Regenbogen zaubernd. Das sind die Menschen, die am meisten vom Glück verstehen.

Eure Heiligen kennen nur Unglück – seht euch nur ihre Gesichter an. Es scheint, das Leben ist aus ihnen gewichen – sie sind tote Fossilien. Nichts verändert sich in ihnen. Sie leben ein ritualisiertes Leben und sind Verdammer von allem, was sich ändert.

Warum wird Vergnügen verdammt? Weil es veränderlich ist. Warum wird Liebe verdammt? Weil sie veränderlich ist. Warum haben diese Religionen die Ehe an die Stelle der Liebe gesetzt? Darum, weil man der Ehe zumindest eine illusorische Dauer verleihen kann – durch Gesetze, durch Sitte, durch die Gesellschaft, durch die Angst vor Ehrverlust, durch die Angst, was aus unseren Kindern werden soll. Also haben sie es geschafft, etwas Dauerhaftes aus der Ehe zu machen. Das ist der Grund, warum alle alten Religionen gegen Scheidung sind – weil Scheidung die Ehe wieder als etwas Undauerhaftes entlarvt: sie ist änderbar.

Über Jahrtausende hin hat man kleine Kinder verheiratet. Es sind sogar Fälle überliefert, wo Kinder verheiratet wurden, die noch nicht einmal geboren waren, die noch im Mutterschoß waren. Zwei Familien vereinbaren: Wenn das *eine* Kind ein Junge und das andere Kind ein Mädchen wird, ist die Ehe abgemachte Sache.

In Indien werden sogar noch heute sieben-, achtjährige Kinder verheiratet, obwohl das gegen das Gesetz ist. Aber es ist nicht gegen die Sitte. Warum diese Eile, Kinder zu verheiraten, die nicht einmal wissen, was Heirat bedeutet, was überhaupt gespielt wird? Der Grund ist, daß die Heirat schon perfekt sein soll, noch bevor sie junge Erwachsene werden und sich in ihrem Herzen die Liebe regt, sodaß sie, wenn die Liebe in ihrem Herzen aufsteigt, schon eine Frau haben, oder die Frau schon einen Mann.

Es ist kein Zufall, daß die Ehe mehr Unglück auf der Welt verursacht als irgendetwas sonst; denn sie zerstört die einzige Möglichkeit zum Glück – zum Glück der Liebe. Das Herz tanzt nie, und die Menschen leben und sterben, ohne die Liebe zu kennen...

Der Anblick von Seifenblasen, von Schmetterlingen, von Rosenknospen, die im Winde tanzen – das ist es, was das Herz zu Tränen und zu Gesang rührt. Die Tränen kommen aus Freude darüber, daß das Leben so lebendig ist, daß es gar nicht von Dauer sein *kann* – nur tote Dinge können von Dauer sein...

Kann dein Gott tanzen? Kann dein Gott lieben? Kann dein Gott singen? Kann dein Gott hinter Schmetterlingen herjagen? Kann dein Gott wilde Blumen sammeln, voller Freude, Tränen und Lieder? Denn so ein Gott stünde wirklich für das Leben, so ein Gott wäre nichts anderes als das Leben selbst.

DIE VIER SCHRITTE ZUR LIEBE

Liebe ist die Begegnung, die orgasmische Begegnung von Tod und Leben. Solange du die Liebe nicht kennst, hast du dein Leben verfehlt. Du wurdest geboren, du hast gelebt und du bist gestorben – aber du hast es verfehlt. Du hast es ungeheuer verfehlt, du hast es völlig verfehlt, du hast es absolut verfehlt – du hast den Intervall zwischen Leben und Tod verfehlt, die Erfahrung des Gipfels.

Um hinzukommen, muß man sich vier Stufen merken. Der erste Schritt: sei *hierjetzt* – denn Liebe ist nur im Hier und Jetzt möglich. Du kannst nicht in der Vergangenheit lieben. Viele Leute leben nur in der Erinnerung – früher, da haben sie geliebt. Und es gibt andere, die in der Zukunft lieben – das ist auch nicht möglich. Das sind Mittel, um der Liebe auszuweichen, denn so liebst du entweder in der Vergangenheit oder du liebst in der Zukunft – dabei ist Liebe nur in der Gegenwart möglich; denn Leben und Tod begegnen sich nur in diesem Moment – in dem dunklen Intervall, das in dir ist. Dieses dunkle Intervall ist immer Gegenwart, immer Gegenwart, immer Gegenwart. Es ist niemals Vergangenheit, und es ist niemals Zukunft.

Wenn du zuviel denkst – und Denken kommt immer aus der Vergangenheit oder geht in die Zukunft – werden deine Energien vom Fühlen abgelenkt. Fühlen ist *hierjetzt.* Wenn deine Energien in die Bahnen des Denkens fließen, dann hast du nicht mehr genügend Energien, um in deine Gefühle hineinzugehen – und dann ist Liebe nicht möglich.

Also der erste Schritt ist, *hierjetzt* zu sein. Zukunft und Vergangenheit bringen das Denken mit sich, und das Denken zerstört das Fühlen. Und ein Mensch, der zu sehr vom Denken besessen ist, vergißt nach und nach ganz, daß er auch ein Herz hat. Ein Mensch, der sich zu sehr dem Denken hingibt, gerät nach und nach auf einen Weg, wo das Gefühl nichts mehr zu melden hat. Wer nicht auf das Gefühl hört, den läßt das Fühlen langsam im Stich. Millionen befinden sich in diesem Zustand und wissen nicht, was Herz bedeutet. Sie halten das Herz nur für eine Pumpe. Ihre ganze Konzentration ist im Kopf. Der Kopf ist aber nur ein Körperteil unter anderen; er ist notwendig, er ist ein gutes Instrument, aber er muß als Diener benutzt werden. Er darf nicht der Herr sein. Wenn erst einmal der Kopf der Herr ist und das Herz zurückbleibt, dann lebst du und stirbst du, aber du wirst nie wissen, was Gott ist, weil du nicht weißt, was Liebe ist.

Das gleiche dunkle Intervall, das dir zunächst als Liebe erscheint, wird, wenn du dich total darin verlierst, zu Gott. Liebe ist der Anfang Gottes – oder Gott der höchste Gipfel der Liebe.

Der zweite Schritt zur Liebe ist, daß du lernst, deine Gifte in Honig zu verwandeln. Denn viele Menschen lieben zwar, doch ist ihre Liebe stark verunreinigt durch Gifte – durch Haß, durch Eifersucht, durch Wut, durch Besitzansprüche… tausend Gifte haften eurer Liebe an. Liebe ist etwas sehr Zartes. Stellt euch dem gegenüber Wut, Haß, Besitzanspruch, Eifersucht vor: wie soll die Liebe das alles überleben?

Erst gehen die Leute in den Kopf und vergessen das Herz – das ist die Mehrheit. Dann gibt es eine kleine Minderheit, die noch ein wenig im Herzen lebt, aber nun begeht diese Minderheit einen anderen Fehler: das kleine Licht der Liebe ist umstellt von Eifersucht, Haß, Wut… tausend Giften. Jetzt wird die ganze Reise bitter. Liebe ist die Leiter zwischen Himmel und Hölle, aber eine Leiter ist immer eine zweiseitige Sache: du kannst hinauf, du kannst hinuntersteigen. Wenn Gifte da sind, führt dich die Leiter nach unten – du landest dann in der Hölle und nicht im Himmel. Und statt eine Melodie aus deinem Leben zu machen, wird ein scheußlicher Lärm daraus – Katzenmusik, Feierabendverkehr, das reinste Getöse, lauter Töne ohne Harmonie. Du bist nur einen Schritt vom Wahnsinn entfernt.

Als zweites muß man sich also merken: lerne, deine Gifte in Honig zu verwandeln. Wie lassen sie sich verwandeln? Dafür gibt es einen sehr einfachen Prozeß. Von Verwandlung zu sprechen, ist eigentlich nicht richtig, weil du nichts dazu tust, du brauchst nur Geduld. Dies ist eins der größten Geheimnisse, das ich euch verrate. Probiert es aus: wenn Wut aufkommt, dürft ihr gar nichts tun, einfach nur stillsitzen und sie beobachten – nicht unterdrücken!

Beobachtet sie nur, seid geduldig, seht nur zu, was geschieht… laßt sie kommen!

Dies eine vergeßt nicht: handelt nie aus der Stimmung heraus, in der das Gift euch im Griff hat; wartet einfach. Wenn das Gift sich dann allmählich in sein Gegenteil verwandelt hat… und es gehört zu den fundamentalen Lebensgesetzen, daß alles immer in sein Gegenteil umschlägt.

Genauso, wie ich euch sagte, daß der Mann sich in eine Frau verwandelt und die Frau sich in den Mann verwandelt, genauso kommt es in euch zu periodischen Verwandlungen – der gute Mensch wird zum schlechten, der schlechte Mensch wird zum guten; der Heilige hat sündige Momente, und der Sünder hat heilige Momente. Man muß nur warten.

Handle nicht, wenn die Wut die Oberhand hat, sonst wirst du es bereuen und eine Kettenreaktion auslösen und Karma verursachen. Nichts anderes bedeutet „Karma". Tu, was du willst – wenn es in einem negativen Moment geschieht, gerätst du in eine Kette, die kein Ende hat. Wenn du negativ bist und sofort handelst, wird auch der andere negativ, ist auch der andere bereit, sofort zu handeln – Negativität erzeugt mehr Negativität, Wut bringt mehr Wut, Feindseligkeit bringt mehr Feindseligkeit, und so geht es immer weiter... und so haben sich schon Menschen über ganze *Leben* hin miteinander verstrickt.

Warte. Wenn du wütend wirst, ist das der Moment zum Meditieren. Vergeude diesen Moment nicht; Wut erzeugt eine ganz enorme Energie in dir! Sie *kann* zerstören; aber Energie ist neutral – die gleiche Energie, die zerstören kann, kann kreativ sein. Warte ab. Die gleiche Energie, die zerschmettern kann, kann Leben verströmen – warte einfach. Wartend, ohne etwas Bestimmtes zu tun, wirst du eines Tages überrascht sein über den inneren Wandel. Du warst voller Wut, und dann steigt und steigt die Wut und erreicht einen Höhepunkt... und dann kippt das Rad. Und du siehst regelrecht, wie sich das Rad dreht und die Wut abflaut und die Energie frei wird und du jetzt in eine positive Stimmung kommst – die kreative Stimmung. Jetzt kannst du handeln. Nun handle. Warte immer auf den positiven Moment.

Und was ich sage, ist nicht Repression. Ich sage nicht, du sollst das Negative verdrängen. Ich sage: *beobachte* das Negative. Merk dir den Unterschied – ein gewaltiger Unterschied. Ich sage nicht: setz dich auf das Negative drauf, vergiß das Negative, unternimm was dagegen – nein, das sage ich nicht. Ich sage nicht: lächle, wenn du wütend bist – nein. So ein Lächeln ist falsch, häßlich, aufgesetzt. Lächle nicht, wenn du wütend bist, sondern schließe dann das Zimmer ab, halte dir einen Spiegel vors Gesicht, sieh dir selber dein wütendes Gesicht an. Du brauchst es keinem anderen zu zeigen. Es ist deine Sache, es ist deine Energie, es ist dein Leben, und du mußt auf den richtigen Moment warten. Sieh immer weiter in den Spiegel, sieh das rote Gesicht, die roten Augen, den Mörder.

Ist dir jemals in den Sinn gekommen, daß jeder einen Mörder in sich hat? Du hast ebenfalls einen Mörder in dir. Glaube nicht, daß der Mörder sonstwo existiert – daß nur, wer einen Mord begeht, ein Mörder ist – nein, jeder hat das Potential, einen Mord zu begehen. Du bringst den Mord-Instinkt mit.

Sieh einfach in den Spiegel – das sind deine Wetterlagen. Du mußt dich mit ihnen vertraut machen. Das gehört zum Wachstum der Selbsterkenntnis dazu. Wie oft habt ihr schon gehört, von Sokrates bis heute: „Erkenne dich selbst" – aber genau das ist der Weg, dich selbst kennenzulernen. „Erkenne dich selbst" bedeutet nicht, still dazusitzen und vor sich hinzusagen: „Ich bin das Brahma, ich bin die Weltseele, ich bin Gott, ich bin dies und das" – alles Unsinn. „Erkenne dich selbst" bedeutet, all deine Wetterlagen zu kennen, all deine Möglichkeiten – den Mörder, den Sünder, den Verbrecher, den Weisen, den heiligen Menschen in dir; die Tugend, den Gott, den Teufel. Lerne alle Stimmungen kennen, die ganze Palette, und indem du sie kennenlernst, wirst du lauter Geheimnisse und Schlüssel entdecken.

Du wirst sehen, daß Wut nicht ewig währen kann – oder kann sie es etwa? Du hast es nie ausprobiert! Probiere *du* – sie kann nicht ewig da sein. Wenn du gar nichts tust, was passiert? Kann die Wut vielleicht immer und ewig rumhängen? Nichts hängt ewig rum. Das Glück kommt und geht, das Unglück kommt und geht. Siehst du nicht ein ganz einfaches Gesetz? – daß alles sich ändert, nichts permanent ist? Warum sich also überstürzen? Die Wut ist gekommen – sie wird auch wieder gehen. Warte du einfach, habe ein bißchen Geduld. Sieh einfach in den Spiegel und warte. Laß die Wut Wut sein, laß dein Gesicht häßlich und mörderisch werden – aber warte, schau zu.

Unterdrücke dich nicht und handle nicht so, wie die Wut es will, und bald wirst du sehen, daß das Gesicht weicher wird, die Augen ruhiger werden, die Energie sich ändert – Männliches verwandelt sich in Weibliches... und bald wirst du von einem Strahlen erfüllt sein. Die gleiche Röte, die eben noch Wut war, ist jetzt ein gewisses Strahlen – eine Schönheit auf deinem Gesicht, in deinen Augen. Nun geh hinaus; die Zeit zu handeln ist gekommen.

Handle, wenn du positiv bist – aber zwinge die Positivität nicht herbei, sondern warte, bis die Positivität von selber kommt. Das ist das Geheimnis. Wenn ich sage: „Lerne, deine Gifte in Honig umzuwandeln", dann meine ich dies.

Und drittens: teile. Was negativ ist, das behalte für dich. Was positiv ist, das teile mit andern. Normalerweise teilen die Leute ihre negativen Momente, sie teilen nicht ihre positiven Momente. Die Menschen sind einfach dumm. Wenn sie glücklich sind, dann teilen sie nicht, dann geizen sie sehr. Wenn sie unglücklich sind – dann sind sie sehr, sehr spendabel, dann sind sie allzu bereit, zu teilen. Wenn die Leute lächeln, lächeln sie sehr, sehr gemessen – nur grade *so* viel, nicht mehr. Aber wenn sie wütend sind, sind sie *rückhaltlos*, total wütend.

Der dritte Schritt ist, alles Positive mit anderen zu teilen. Das wird deine Liebe wie einen Fluß strömen, aus deinem Herzen aufsteigen lassen. Der Vorbehalt deines Herzens wird schmelzen, wenn du teilst.

Ich habe einen sehr denkwürdigen Ausspruch von George Luis Borges gehört. Hört zu:

„Gib das Heilige den Hunden zum Fraß,
wirf deine Perlen den Säuen vor –
denn was zählt, ist das Geben."

Ihr kennt den Spruch nur andersherum: Wirf es nicht den Hunden zum Fraß vor, und wirf keine Perlen vor die Säue, weil sie nicht verstehen werden.

Worauf es ankommt ist nicht, *was* du gibst; darauf kommt es nicht an. Worauf es ankommt ist, *daß* du gibst. Wenn du hast, gib.

Gurdjieff sagte immer: „Was ich behielt, ging verloren, und was ich gab, ist mein. Alles, was ich weggab, das habe ich immer noch, und alles, was ich behielt, ist verloren, ist fort." Wirklich – du hast nur das, was du mit anderen geteilt hast. Liebe ist kein Eigentum, das gehortet, sondern eine Ausstrahlung, ein Duft, der verschenkt werden muß. Je mehr du verschenkst, desto mehr wird aus deinem Innersten nachquellen – Liebe ist unendlich: es wird immer mehr nachsprudeln. Zieh Wasser aus einem Brunnen, und mehr Wasser kommt frisch in den Brunnen geflossen. Zieh kein Wasser mehr aus dem Brunnen, decke den Brunnen zu, werde geizig – und die Quellen werden versiegen. Nach und nach werden die Quellen sterben, verstopfen; und das Wasser, das im Brunnen ist, wird sterben, wird brackig und schmutzig werden. Nur fließendes Wasser ist frisch... nur fließende Liebe ist frisch.

Also ist der dritte Schritt, der zur Liebe führt: teile deine positiven Momente mit andern, teile dein Leben, teile alles, was du hast. Alles Schöne, das du in dir hast – horte es nie. Deine Weisheit teile; deine Gebete teile, deine Liebe, dein Glück, deine Freude teile. Ja, und wenn du niemand finden kannst, dann teile mit Hunden – aber teile. Teile mit Felsen – aber teile. Wenn du Perlen hast, dann wirf sie weg – und frag nicht erst, ob Schweinen oder Heiligen zu Füßen, wirf sie einfach von dir. *Denn was zählt, ist das Geben.*

Geizen vergiftet das Herz. Alles Geizen ist giftig. Wenn du teilst, wird dein Kreislauf frei von Giften. Und wenn du gibst, kümmere dich nicht darum, ob es erwidert wird oder nicht. Warte nicht einmal auf ein „Danke“. Sei dem anderen dankbar, daß er dir erlaubt hat, mit ihm zu teilen. Nicht anders – warte nicht mit nagendem Herzen darauf, er möge dir dankbar sein, weil du etwas mit ihm geteilt hast. Nein – sei *du* dankbar, daß er bereit war, dir zuzuhören, deine Energie entgegenzunehmen... daß er bereit war, sich dein Lied anzuhören... daß er bereit war, sich deinen Tanz anzusehen... daß er dich nicht abgewiesen hat, als du kamst, um ihm zu geben; er hätte dich abweisen können.

Teilen ist eine der spirituellsten Tugenden, eine der größten spirituellen Tugenden.

Und das vierte: sei nichts. Wenn du einmal anfängst, zu meinen, du seist jemand, dann versiegst du, dann hört die Liebe zu fließen auf. Liebe strömt nur aus dem, der niemand ist. Die Liebe hält sich nur im Nichts auf.

Wenn du *leer* bist, ist *Liebe* da.

Wenn du voller Ego bist, verschwindet die Liebe.

Liebe und Ego können nicht koexistieren.

Liebe kann mit Gott zusammen existieren, aber nicht mit dem Ego, weil Liebe und Gott synonym sind. Liebe und Ego können unmöglich zusammengehen. Sei also nichts. Nichts ist die Quelle von allem, nichts ist die Quelle der Unendlichkeit... nichts ist Gott. Nichts bedeutet Nirvana.

Sei nichts – und indem du nichts bist, erreichst du das Ganze. Indem du etwas bist, verfehlst du es. Indem du nichts bist, kommst du zu Hause an.

LIEBE
IN DER PRAXIS

Ein fortschrittlicher Pädagogik-Professor sucht seinen Arzt auf. Im Wartezimmer sind zwei Kinder, die immer wilder toben. Plötzlich vergißt der Pädagoge all seine Prinzipien und schnauzt: „Ruhe jetzt, sonst könnt ihr was erleben!“ Verwundert steckt der Arzt den Kopf durch die Tür und sagt: „Sieh an, der kinderliebe Antiautoritäre!“ „Jawohl,“ bellt dieser zurück, „in der Theorie, aber nicht in Ihrer Praxis.“

Es ist sehr leicht, in der Theorie zu lieben; das wirkliche Problem tritt in der Praxis auf. Und denke daran, solange du Menschen nicht liebst – konkrete, wirkliche Menschen –, ist all deine Liebe zu Bäumen und Vögeln Schwindel, reiner Hokus-Pokus.

Nur wenn du Menschen lieben kannst, kommst du in deinem Bewußtsein an einen Punkt, wo du auch Vögel und Bäume und Berge lieben kannst; aber das kommt erst später. Wenn du in eine Wirklichkeit nicht eindringen kannst, die dir so nah ist, wie kannst du da in eine Wirklichkeit eindringen, die so weit weg ist? Wie kannst du mit einem Stein kommunizieren? Ihr habt keine gemeinsame Sprache. Entweder mußt du zu einem Stein werden oder der Stein muß zu einem Menschen werden, andernfalls ist die Entfernung zu groß – unüberbrückbar. Schlage zuerst mit Menschen eine Brücke.

Und ich weiß: es *ist* möglich, einen Baum zu lieben, aber das kommt erst, wenn du Menschen so tief, so total geliebt hast, daß du Bäume in Menschen gefunden hast – erst dann. Denn ein Mensch ist all dies gewesen, er trägt immer noch Spuren davon in seinem Unterbewußtsein oder in seinem kollektiven Unbewußten. Du bist einmal Baum, Vogel, Tier, Stein gewesen. Du bist alle

Dinge gewesen, du bist Millionen Dinge gewesen, und all diese Erfahrungen sind immer noch in dir. Der einzige Weg, mit dem äußeren Baum in Kontakt zu treten, ist der, zunächst mit dem Baum in Kontakt zu treten, der in einem Menschen ist.

Verliebe dich in Menschen. Riskiere es, sei mutig. Erfahre die Schmerzen der Liebe – und die Ekstasen. Geh tiefer in Menschen hinein, und bald wirst du herausfinden, daß kein Mensch bloß ein Mensch ist; ein Mensch ist Mensch plus die gesamte Existenz; denn ein Mensch ist die Endstufe der Evolution. All das, was der Mensch in der Vergangenheit gewesen ist, ist immer noch da – Schicht um Schicht.

Hast du nicht manchmal bei der Frau gespürt, daß sie eine Katze ist? Hast du nicht schon in die Augen einer Frau geschaut und plötzlich die Katze in ihr gespürt? Ohne je Katze gewesen zu sein, kann eine Frau keine Frau sein. Und du wirst auch die kläffende Hündin finden. Und dasselbe gilt für den Mann – du wirst den Wolf finden.

Alles, was existiert, hat der Mensch in seiner Evolution durchgemacht, genauso, wie du zuerst ein Kind warst und dann ein Jugendlicher geworden bist; glaubst du, deine Kindheit wäre vollkommen verschwunden?

Du magst jetzt alt sein, aber ist die Jugend ganz einfach aus dir verschwunden? Sie ist da; du hast nur eine neue Schicht dazubekommen. Fälle einen Baum, und du wirst im Innern des Baumes Schicht um Schicht finden. Auf diese Weise bestimmt man das Alter eines Baumes. Ist er sechzig Jahre alt, dann gibt es sechzig Ringe. Jedes Jahr wirft er seine Rinde ab und eine neue Schicht entsteht. Wenn du einen Stein durchschneidest, hat der Stein Schichten. Wenn du tief in die Menschen hineingehst, dann wirst du Schichten finden, wie bei Bäumen und Steinen. Je tiefer du gehst, desto mehr wirst du entdecken, daß seltsame Dinge passieren. Wenn du dich im Liebesakt mit einer Frau vollständig fallenlassen kannst, wird es ein Liebesakt mit Tieren, Bäumen, Steinen, ja mit der Existenz selber sein.

Jedes einzelne Individuum ist eine kleine Welt. Ein Mikrokosmos enthält alles; er enthält das Ganze, den Makrokosmos; aber um die Menschen kommst du nicht herum. Du kannst nicht sagen: „Ich will Bäume lieben, aber keine Menschen." Dann können deine Bäume nicht echt sein, dann bist du ihnen nicht richtig begegnet. Zuerst wollen sie im Menschen geliebt sein, zuerst wollen sie im Menschen entdeckt sein. Nur dann lernst du ihre Sprache kennen.

LIEBE IST EINE SEHR ZARTE BLUME

Bhagwan,
warum sind wir so liebesunfähig?

Jedes Kind wird mit soviel Liebe geboren, wie man nur haben kann, mit *mehr* Liebe, als man in sich fassen kann – mit überfließender Liebe. Ein Kind wird als Liebe geboren; ein Kind ist aus dem Zeug, das Liebe heißt. Aber die Eltern können keine Liebe geben. Sie haben ihre eigenen verschleppten Probleme – ihre Eltern haben sie nie geliebt. Sie können nur so tun, sie können nur von Liebe *reden.* Sie können sagen: „Wir haben dich sehr lieb", aber alles, was sie tun, ist völlig lieblos. Ihre Art, sich zu verhalten, ihre Art, das Kind zu behandeln, ist sehr verletzend; sie ist ohne Achtung. Kein Vater, keine Mutter achtet das Kind. Wer käme überhaupt auf den Gedanken, ein Kind zu achten? Ein Kind wird überhaupt nicht als Mensch angesehen. Ein Kind wird vielmehr als Problem angesehen. Solange es brav ist, gut; solange es kein Schreihals ist, kein Primärtherapeut – gut. Solange es den Eltern nicht im Weg steht – bestens, so muß ein Kind sein.

Aber da ist keine Achtung, und da ist keine Liebe. Die Eltern haben selbst nie erfahren, was Liebe ist. Die Mutter hat den Mann nie geliebt, der Mann hat die Frau nie geliebt. Es gibt keine Liebe zwischen den beiden, sondern Herrschsucht, Besitzenwollen, Eifersucht und lauter Gifte, die die Liebe zerstören.

Liebe ist eine sehr zarte Blume. Sie muß geschützt werden, sie muß gestärkt werden, sie muß gewässert werden; nur dann kann sie kräftig werden. Und die Liebe des Kindes ist sehr zart – freilich, weil das Kind zart ist, sein Körper zart ist. Glaubt ihr vielleicht, ein Kind, das sich selbst überlassen bleibt, könnte überleben? Vergeßt nicht, wie hilflos der Mensch ist. Wenn ein Kind sich selbst überlassen bleibt, ist es praktisch unmöglich, daß es überlebt. Es wird sterben. Und genau das passiert mit der Liebe. Die Liebe wird im Stich gelassen. Die Eltern können nicht lieben, sie wissen nicht, was Liebe ist, sie haben nie genug Liebe bekommen. Denkt an eure eigenen Eltern. Und macht euch klar: ich sage nicht, daß sie verantwortlich sind. Sie sind Opfer wie ihr – ihren eigenen Eltern erging es auch nicht anders. Und so weiter... Ihr könnt bis auf Adam und Eva zurückgehen, bis zu Gott... dem *Vater*.

Es scheint, selbst Gottvater war Adam und Eva gegenüber nicht sehr respektvoll, jedenfalls nicht respektvoll genug. Deshalb schrieb er ihnen vom ersten Moment an vor: „Tut dies" und „Laßt jenes", und fing mit dem ganzen Unfug an, den alle Eltern machen. „Eßt keine Frucht von diesem Baum..." und nachdem Adam von der Frucht gegessen hatte, reagierte der Vater, Gott, so wütend darauf, daß er Adam und Eva aus dem Himmel warf.

Diese Vertreibung lauert überall, und alle Eltern drohen ihrem Kind, es zu verstoßen, es hinauszuwerfen. „Wenn du nicht hörst, wenn du nicht folgst, wirst du hinausgeworfen." Und natürlich bekommt das Kind Angst. Ausgestoßen? In die Wildnis dieses Lebens? Es fängt an, Kompromisse zu schließen. Nach und nach wird das Kind zum Sinnverdreher. Es fängt an, zu manipulieren.

Es hat keine Lust, zu lächeln, aber wenn die Mutter kommt und es Milch haben will, lächelt es. Nun, das ist Politik – der Anfang, das ABC aller Politik. Tief drinnen verspürt es Haß, weil es nicht geachtet wird; tief drinnen fühlt es sich frustriert, weil es nicht so, wie es ist, geliebt wird. Man erwartet von ihm bestimmte Dinge, und erst dann wird es geliebt. Die Liebe wird von ein paar Bedingungen abhängig gemacht: das Kind ist, so wie es ist, unwert. Erst muß es seinen Wert beweisen, dann wird die elterliche Liebe möglich. Also fängt es an, sich würdig zu erweisen, und fängt an, sich zu verstellen. Es verliert seinen Wert *an sich*. Sein Respekt vor sich selbst geht nach und nach verloren, es fängt an, sich unwert zu fühlen. Und viele Male fragt sich das Kind: „Sind das meine wirklichen Eltern? Oder haben sie mich vielleicht adoptiert? Vielleicht täuschen sie mich, denn es scheint keine Liebe da zu sein." Und tausendmal sieht es die Wut in ihren Augen, die häßliche Wut in den Gesichtern der Eltern – und aufgrund so nichtiger Dinge, daß das Kind kein Verhältnis zur Sache erkennt. Wegen ganz minimaler Dinge sieht es die Eltern in Rage geraten – und kann es nicht fassen. Es ist ungerecht und unfair. Aber es muß alles über sich ergehen lassen, es muß sich beugen, es muß sich ins Notwendige schicken. Nach und nach stirbt seine Liebesfähigkeit.

Liebe gedeiht nur in Liebe. Liebe braucht ein Milieu der Liebe; das ist das allererste, was man sich merken muß: Nur in einem Milieu der Liebe gedeiht Liebe überhaupt. Sie braucht verwandte Schwingungen um sich her. Wenn die Mutter liebevoll ist, wenn der Vater liebevoll ist, nicht nur dem Kind gegenüber, wenn sie auch liebevoll zueinander sind, wenn das Zuhause eine Atmosphäre der Liebe hat, wo Liebe strömt, wird das Kind als ein Liebeswesen zu leben beginnen; und dann wird es nie die Frage stellen: „Was ist Liebe?" Das wird es von Anfang an wissen, das wird sein Grundstein sein.

Aber das geschieht nicht. Es ist ein Unglück, aber das ist bis heute noch nicht geschehen. Und ihr lernt die Verhaltensweisen eurer Eltern: ihr Nörgeln, ihr Streiten. Beobachtet euch nur immer selbst. Wenn du eine Frau bist, beobachte: mag sein, daß du fast haargenau die Art nachahmst, wie deine Mutter früher sich verhielt. Beobachte dich, wenn du mit deinem Freund oder deinem Ehemann zusammen bist – was machst du? Wiederholst du etwa nicht? Wenn du ein Mann bist, beobachte! Was machst du? Wiederholst du nicht? Verhältst du dich nicht wie dein Pappi?

Machst du nicht den gleichen Unsinn, den er früher immer gemacht hat? Und früher hattest du es nicht fassen können – „Wie kann mein Vater nur so was tun?" – und jetzt machst du das gleiche... Die Menschen machen immer wieder dasselbe; die Menschen sind Nachahmer; der Mensch ist ein Affe. Du imitierst deinen Pappi oder deine Mami – und das muß aufhören. Nur dann wirst du wissen, was Liebe ist, andernfalls bleibst du verkorkst.

Ich kann nicht definieren, was Liebe ist, weil es keine Definition für Liebe gibt. Sie ist so wenig definierbar wie Geburt, wie Tod, wie Gott, wie Meditation. Sie ist eine von den undefinierbaren Größen – ich kann sie nicht definieren.

Der erste Schritt ist, daß du deine Eltern loswerden mußt. Und damit meine ich nicht, daß du deine Eltern mißachten sollst, durchaus nicht. Ich wäre der letzte, der so etwas sagt. Und ich meine damit nicht, daß du deine leiblichen Eltern rauswerfen sollst – ich meine damit: wirf deine inneren elterlichen Stimmen raus, dein inneres Programm raus, deine inneren Tonbänder raus. Lösche sie, und du wirst einfach erstaunt feststellen, daß du frei wirst, sowie du deine Eltern aus deinem Inneren rauswirfst. Zum erstenmal wirst du fähig sein, Mitleid für deine Eltern zu empfinden; andernfalls nicht – du wirst nachtragend bleiben. Jeder ist seinen Eltern gegenüber nachtragend. Wie sollst du auch nicht nachtragend sein, nachdem sie dir soviel Schaden zugefügt haben – wenn auch unwissentlich? Sie wollten nur das Beste für dich, sie wollten alles für dein Wohl tun. Aber was können sie schon tun? Mit gutem Willen allein ist es nicht getan. Sie meinten es gut, das ist wahr. Darüber besteht kein Zweifel; jeder Vater, jede Mutter will für das Kind alle Freuden des Lebens. Aber was können sie machen? Sie haben selbst keine Freude gekannt. Sie sind Roboter. Und ob wissentlich oder unwissentlich, absichtlich oder unabsichtlich, sie schaffen eine Atmosphäre, in der das Kind früher oder später in einen Roboter verwandelt wird.

Wenn du Mensch und keine Maschine werden willst, wirf deine Eltern raus. Und du mußt genau aufpassen. Es ist eine schwere Arbeit, eine mühselige Arbeit; du kannst es nicht auf Anhieb schaffen. Du mußt sehr umsichtig in deinem Verhalten sein. Beobachte, wann deine Mutter „dran" ist und durch dich hindurch agiert. Kappe die Taue, nimm Abstand. Mach etwas völlig Neues, etwas, was sich deine Mutter nicht einmal hätte vorstellen können.

Zum Beispiel: dein Freund dreht sich um nach einer anderen Frau, voller Anerkennung in den Augen. Beobachte jetzt, was du tust. Tust du das gleiche, was deine Mutter getan hätte, falls sich dein Vater anerkennend nach einer anderen Frau umgesehen hätte? Wenn du das tust, wirst du nie erfahren, was Liebe ist, sondern wiederholst einfach alte Geschichten. Es ist der gleiche Akt, nur von anderen Schauspielern inszeniert, mehr nicht, das gleiche, abgedroschene Drama, immer von neuem inszeniert. Sei kein Imitator, spring raus. Mach etwas Neues. Mach etwas, was deiner Mutter nicht im Traum eingefallen wäre. Mach etwas Neues, was deinem Vater nicht im Traum eingefallen wäre. Dies Neue muß in dein Inneres dringen, dann kann deine Liebe zu fließen anfangen.

Der erste Grundpfeiler ist also, deine Eltern loszuwerden. Der zweite Grundpfeiler ist... Die Leute meinen, daß sie nur dann lieben können, wenn sie den Menschen finden, der es wert ist. Blödsinn! So wirst du nie einen finden. Die Leute meinen, sie würden erst lieben, wenn sie einen perfekten Mann oder eine perfekte Frau finden. Blödsinn! So wirst du nie eine finden, weil es perfekte Frauen und perfekte Männer nicht gibt. Und falls es sie gibt, werden sie auf deine Liebe pfeifen. Sie werden nicht daran interessiert sein.

Ich habe von einem Mann gehört, der sein Leben lang Junggeselle blieb, weil er auf der Suche nach der perfekten Frau war. Als er siebzig war, fragte ihn jemand: „Du bist überall herumgereist, von Kabul nach Kathmandu, von Kathmandu nach Goa, von Goa nach Poona, und überall hast du gesucht. Konntest du nirgends eine perfekte Frau finden? Nicht mal eine einzige?"

Der alte Mann wurde sehr traurig. Er sagte: „Ja, ein einziges Mal bin ich einer begegnet; einmal bin ich der perfekten Frau begegnet." Der andere sagte: „Und was ist dann passiert? Warum hast du sie nicht geheiratet?"

Da wurde er noch trauriger. Er sagte: „Was soll man machen? Sie war auf der Suche nach dem perfekten Mann."

Um in Liebe zu fließen und zu gedeihen, dazu bedarf es keiner Perfektion. Liebe hat nichts mit dem anderen zu tun. Ein liebender Mensch liebt ganz einfach, genauso wie ein lebendiger Mensch atmet, trinkt, ißt und schläft. Ganz genauso liebt ein wirklich lebendiger Mensch, ein liebender Mensch. Du sagst ja auch nicht: „Solange die Luft nicht völlig rein und unverschmutzt ist, werde ich nicht atmen!" Du atmest selbst in Los Angeles weiter, du atmest weiter in Bombay. Du atmest auch überall da weiter, wo die Luft verschmutzt, vergiftet ist. Du atmest weiter. Du kannst es dir nicht leisten, nicht zu atmen, nur weil die Luft nicht so ist, wie sie sein sollte.

Wenn du hungrig bist, ißt du etwas – egal was. In einer Wüste, wenn du vor Durst stirbst, wirst du alles trinken. Du bestehst nicht auf Coca Cola; du nimmst einfach alles – alles Trinkbare, einfach Wasser, selbst schmutziges Wasser. Ein lebendiger Mensch liebt einfach. Liebe ist eine natürliche Funktion.

Als zweites merkt euch: verlangt keine Perfektion, sonst werdet ihr finden, daß keine Liebe in euch fließt. Im Gegenteil, ihr werdet sehr lieblos werden. Leute, die Perfektion fordern, sind sehr lieblose Leute – neurotische Leute. Selbst wenn sie eine Geliebte oder einen Liebsten finden können, erheben sie Anspruch auf Perfektion – und die Liebe wird durch diesen Anspruch zerstört.

Sobald ein Mann eine Frau liebt, oder eine Frau einen Mann

liebt, werden sofort Ansprüche angemeldet. Die Frau fängt an zu fordern, der Mann solle perfekt sein. Nur weil er sie liebt! Als ob er damit eine Sünde begangen hätte! Von jetzt an hat er perfekt zu sein, von jetzt an muß er all seine Schwächen fallenlassen – nur wegen dieser Frau. Jetzt darf er nicht mehr menschlich sein. Entweder muß er übermenschlich werden, oder er muß unecht, falsch, ein Betrüger werden. Natürlich, übermenschlich zu werden ist sehr schwierig, und so werden die Menschen lieber Betrüger. Sie fangen an, sich etwas vorzumachen, zu schauspielern und Spielchen zu spielen. Im Namen der Liebe spielen die Menschen einfach nur rum.

Merk dir, niemals Perfektion zu fordern. Du hast kein Recht, irgendwas von irgendwem zu fordern. Wenn dich jemand liebt, sei dankbar, aber fordere nichts – weil er keine Verpflichtung hat, dich zu lieben. Wenn jemand liebt, ist das ein Wunder. Sei fasziniert von dem Wunder.

Aber die Leute sind nicht fasziniert. Lauter Nichtigkeiten zuliebe zerstören sie alle Möglichkeiten der Liebe. Sie sind nicht sonderlich an der Liebe interessiert – und an der Freude, die sie bringt. Sie sind mehr an anderen Egotrips interessiert. Nimm deine Freude wichtig. Alles andere ist unwesentlich.

Liebe so, daß es eine natürliche Funktion ist, so wie das Atmen. Und wenn du einen Menschen liebst, fange nicht zu fordern an; andernfalls verschließt du vom ersten Augenblick an gewisse Türen. Erwarte überhaupt nichts. Wenn dir etwas zufällt, sei dankbar. Wenn dir nichts zufällt, brauchst du auch nichts, besteht keine Notwendigkeit. Du darfst es nicht erwarten. Aber seht euch die Menschen an, seht wie selbstverständlich sie einander sind. Wenn deine Frau dir das Essen bereitet, dankst du ihr nie dafür. Ich meine nicht, daß du dein Dankeschön verbalisieren solltest, aber es sollte sich in deinen Augen ausdrücken. Aber es ist dir egal, es ist dir selbstverständlich: das ist schließlich ihre Arbeit.

Von wem hast du das? Wenn dein Mann hingeht und Geld für dich verdient, dankst du ihm nie dafür. Du empfindest nicht die geringste Dankbarkeit: das ist schließlich die Pflicht des Mannes. So denkt ihr.

Wie kann da die Liebe wachsen? Liebe braucht ein Klima der Liebe, Liebe braucht ein Klima der Dankbarkeit, des Dankens. Liebe braucht eine Atmosphäre, in der nichts gefordert, nichts erwartet wird. Das ist das zweite, was man sich merken muß. Und das dritte ist: fang damit an, Liebe zu geben, statt drüber nachzudenken, wie du sie bekommst. Wenn du sie gibst, bekommst du; es gibt keinen anderen Weg. Die Menschen sind mehr daran interessiert, zu raffen und zu nehmen. Jeder ist interessiert am Nehmen, und niemand scheint Freude am Geben zu haben. Die Leute geben sehr widerstrebend; und falls sie je geben, geben sie nur, um zu bekommen, und sie verhalten sich fast wie Geschäftsleute.

Es ist ein Kuhhandel. Sie schauen immer darauf, daß sie mehr bekommen, als sie geben – daß es ein guter Handel ist, ein gutes Geschäft. Aber der andere hält es genauso.

Liebe ist kein Geschäft, sei also nicht mehr so geschäftstüchtig. Andernfalls wirst du dein Leben, deine Liebe und alles versäumen, was schön daran ist; denn alles Schöne ist überhaupt nicht geschäftsmäßig. Geschäft ist das Häßlichste von der Welt – ein notwendiges Übel. Aber die Existenz weiß nichts von Geschäften. Blumen blühen – das ist kein Geschäft. Sterne leuchten – das ist kein Geschäft. Und du brauchst auch nichts dafür zu bezahlen, und niemand verlangt etwas von dir. Ein Vogel kommt angeflogen und sitzt vor deiner Türe und singt ein Lied, und er wird dich nicht um ein Gutachten oder dergleichen bitten. Er hat das Lied gesungen, und danach fliegt er glücklich davon, ohne eine Spur zu hinterlassen. Genau so wächst Liebe. Gib, und kümmere dich nicht darum, was für dich dabei herausspringen wird.

Ja es wird, es wird tausendfach etwas herausspringen, aber ganz natürlich, von selbst. Man braucht es nicht zu fordern. Wenn du forderst, kommt es nie. Wenn du forderst, hast du es getötet. Gib also. Fang an zu geben. Am Anfang wird es schwer sein, weil du dein ganzes Leben dazu angehalten worden bist, nicht zu geben, sondern zu nehmen. Zunächst wirst du mit deinen Panzerungen kämpfen müssen. Deine Muskulatur ist hart geworden, dein Herz ist erstarrt, du bist kalt geworden. Am Anfang wird es schwer sein, aber jeder Schritt wird zu einem nächsten Schritt weiterführen, und allmählich kommt der Fluß ins Fließen.

Als erstes werde deine Eltern los. Indem du deine Eltern loswirst, wirst du die Gesellschaft los; indem du deine Eltern loswirst, wirst du die Zivilisation, das Bildungssystem, alles los – weil deine Eltern das alles repräsentieren. Du wirst individuell.

Zum ersten Mal gehörst du nicht mehr zur Masse, besitzt du eine authentische Individualität, bist du für dich. Genau das heißt Wachstum. Genau so sollte ein erwachsener Mensch sein. Ein erwachsener Mensch ist jemand, der keine Eltern braucht. Ein erwachsener Mensch ist jemand, der glücklich in seinem Alleinsein ist – sein Alleinsein ist ein Lied, eine Feier. Ein erwachsener Mensch ist jemand, der glücklich mit sich selbst sein kann. Sein Alleinsein ist nicht Einsamkeit, seine Vereinzelung ist Alleinheit, sie ist meditativ. Er ist völlig frei von elterlichen Prägungen. Und das Schöne ist, daß nur so jemand den Eltern gegenüber Dankbarkeit empfindet!

Das Paradoxe ist, daß nur so jemand seinen Eltern vergeben kann. Er empfindet Mitleid und Liebe für sie, er empfindet sehr stark für sie, weil sie genauso gelitten haben wie er. Er ist ihnen nicht böse, nein, nicht im geringsten. Vielleicht hat er Tränen in den Augen, aber böse ist er nicht, sondern wird alles tun, um seinen Eltern zu helfen, zur gleichen Fülle des Alleinseins, zur gleichen Höhe des Alleinseins zu kommen.

Werdet Individuen, das ist das erste. Das zweite: erwartet keine Perfektion, und bittet nicht und fordert nicht. Liebt gewöhnliche Leute. Nichts ist verkehrt an gewöhnlichen Leuten. Gewöhnliche Leute sind außergewöhnlich. Jeder einzelne Mensch ist ganz einmalig. Habt Achtung vor dieser Einmaligkeit.

Drittens: Gebt, und gebt bedingungslos – und dann werdet ihr wissen, was Liebe ist. Ich kann es nicht definieren: ich kann euch den Weg zeigen, wie ihr sie züchten könnt. Ich kann euch zeigen, wie man einen Rosenstock pflanzt, wie man ihn wässert, wie man ihn düngt, wie man ihn schützt. Und eines Tages dann, aus heiterem Himmel, kommt die Rosenblüte, und dein Haus ist voll von dem Duft. Ganz genau so kommt die Liebe.

EHE IST PROSTITUTION

Das Wort „Liebe“ kann zwei absolut verschiedene Bedeutungen haben – nicht nur verschiedene, sondern diametral entgegengesetzte. Die eine Bedeutung ist Liebe als Beziehung; die andere Bedeutung ist Liebe als Seinszustand.

In dem Augenblick, wo Liebe zur Beziehung wird, wird sie zur Fessel, denn es sind Erwartungen da, es sind Forderungen und es sind Frustrationen da – und auf beiden Seiten der Versuch zu herrschen. Es wird ein Machtkampf.

Beziehung ist nicht das Richtige, zumindest nicht für meine Leute. Aber Liebe als Seinszustand ist ein ganz anderes Wort. Es bedeutet, daß du einfach liebst, du machst keine Beziehung daraus. Deine Liebe ist einfach wie der Duft einer Blume. Sie macht keine Beziehung daraus; sie verlangt nicht von dir, so oder so zu sein, dich so oder so zu verhalten, so oder so zu handeln. Sie fordert nicht. Sie teilt einfach. Und auch im Teilen steckt kein Verlangen nach irgendeiner Belohnung. Das Teilen an sich ist die Belohnung.

Wenn Liebe wie ein Duft für dich wird, dann hat sie ungeheure Schönheit, hat sie etwas, das weit über der sogenannten Menschlichkeit steht. Sie hat etwas Göttliches.

Wenn Liebe ein Zustand ist, kannst du nichts damit „machen“. Sie wird leuchten, aber sie wird für niemanden zum Gefängnis, noch wird sie zulassen, daß du von irgendwem ins Gefängnis gesteckt wirst.

Beziehung als solche, ob echt oder eingebildet, ist eine sehr subtile Art psychologischer Versklavung. Entweder versklavst du den anderen, oder du wirst selbst ein Sklave.

Ein weiterer Punkt, der festzuhalten ist, ist der, daß du nicht einen andern versklaven kannst, ohne selbst ein Sklave zu werden. Sklaverei ist ein zweischneidiges Schwert. Der eine mag stärker sein, der andere mag schwächer sein, aber bei jeder Beziehung wirst du zum Gefängniswärter, und der andere wird zum Gefangenen. Von seiner Seite aus ist er der Gefängniswärter, und du bist der Gefangene. Und das ist einer der Hauptgründe dafür, warum die Menschheit ein solches Trauerspiel ist, in einem so trostlosen Zustand lebt.

Laß Liebe deinen Seinszustand sein. Nicht etwa, daß du dich verliebst, sondern du bist einfach liebevoll, es ist eben deine Natur.

Für dich ist Liebe einfach der Duft deines Daseins. Selbst wenn du allein bist, bist du von liebender Energie umgeben. Selbst wenn du einen toten Gegenstand berührst, wie den Stuhl, regnet deine Hand Liebe – wen es trifft, spielt keine Rolle. Der liebende Zustand ist an keinen adressiert.

Aber du kannst nur dann im Zustand der Liebe sein, wenn du die alten Vorstellungen über Beziehungen aufgibst. *Liebe ist keine Beziehung.*

Zwei Menschen können sehr liebevoll zusammensein. Je liebevoller sie sind, desto weniger ist eine Beziehung möglich. Je liebevoller sie sind, desto mehr Freiheit herrscht zwischen ihnen. Je liebevoller sie sind, desto geringer ist die Möglichkeit jeglichen Anspruchs, jeglicher Bevormundung, jeglicher Erwartung. Und natürlich ist jegliche Frustration ausgeschlossen.

Ich bin gegen alle Arten von Beziehungen. Ich mag zum Beispiel das Wort „Freundschaft“ nicht, aber ich liebe das Wort „Freundlichkeit“. Freundlichkeit ist eine innere Qualität, Freundschaft wird wieder zu einer Beziehung.

Liebe ist so wertvoll, daß sie vor jeglicher Art von Verschmutzung, Verunreinigung, vor jeglicher Vergiftung geschützt werden sollte. Beziehung vergiftet sie. Ich möchte, daß die Welt aus Individuen besteht. Selbst der Gebrauch des Wortes „Paar“ tut mir weh. Damit habt ihr zwei Individuen zerstört, und ein Paar ist kein schöner Anblick.

Laßt die Welt nur aus Individuen bestehen, und wann immer eure Liebe spontan aufblüht, dann müßt ihr sie singen, tanzen, leben – macht keine Ketten daraus.

Weder versucht, einen andern festzuhalten, noch laßt es zu, daß irgendwer euch festhält.

Eine Welt, die nur aus freien Individuen besteht, wird eine wirklich freie Welt sein.

Einer der größten Bedürfnisse des Menschen ist es, gebraucht zu werden. Deshalb kann ich mir keine Zukunft vorstellen, in der es die Liebe nicht mehr geben sollte. Solange es Menschen gibt, wird ihre liebste Erfahrung die Liebe sein. Und sie ist etwas, was auf Erden zu haben ist, aber nicht zur Erde gehört. Sie gibt dir Flügel, daß du wie ein Adler an der Sonne vorbeifliegen kannst.

Ohne Liebe bist du ohne Flügel.

Aber gerade weil sie eine solche Nahrungsquelle und ein solches Bedürfnis ist, sind so viele Probleme um sie entstanden. Du möchtest, daß dir dein Liebster oder deine Liebste auch morgen erhalten bleibt. Heute war es so wunderschön, und da machst du dir Sorgen um morgen. So kam die Ehe zustande. Es ist einfach die Angst, daß dich vielleicht morgen dein Liebster oder deine Liebste verläßt… – also mach besser einen Vertrag daraus vor der Gesellschaft und vor dem Gesetz. Aber das ist scheußlich – es ist absolut scheußlich, widerlich. Aus Liebe einen Vertrag zu machen, bedeutet, daß du das Gesetz über die Liebe stellst, bedeutet, daß du die kollektive Masse über deine Individualität stellst, daß du die Hilfe des Gerichts, des Militärs, der Polizei, der Richter in Anspruch nimmst, um deine Verbindung absolut hinter Schloß und Riegel zu bringen.

Morgen früh, wer weiß. Liebe kommt wie ein Lufthauch – vielleicht kommt sie wieder, vielleicht auch nicht. Und wenn sie nicht wiederkommt, dann sind fast alle Paare dieser Welt dazu verdammt, sich zu prostituieren – nur dem Gesetz, der Ehe, der Achtung der Gesellschaft zuliebe. Mit einer Frau zu leben, die du nicht liebst, mit einem Mann zu leben, den du nicht liebst – zusammenzuleben nur der Sicherheit wegen, der finanziellen Unterstützung wegen, oder aus sonstwelchen Gründen außer Liebe macht reine Prostitution daraus. Ich möchte, daß Prostitution vollständig von der Erdoberfläche verschwindet. Alle Religionen haben sich das gewünscht – daß es keine Prostitution geben möge! Aber daran sieht man wieder die menschliche Dummheit: genau dieselben Religionen, die keine Prostitution haben wollen, sind die Ursache der Prostitution, weil sie auf der einen Seite die Ehe gutheißen und auf der anderen Seite gegen Prostitution sind.

Die Ehe selbst ist Prostitution. Wenn ich meiner Liebe vertraue, warum sollte ich dann heiraten? Der bloße Gedanke an Ehe ist Mißtrauen. Und etwas, das aus Mißtrauen entspringt, wird deiner Liebe nicht helfen, mehr in die Tiefe und Höhe zu wachsen. Es wird sie zerstören. Liebe ist nur dann authentisch, wenn sie Freiheit gibt. Daran soll man sie erkennen. Liebe ist nur dann wahr, wenn sie sich nicht in die Privatsphäre des anderen mischt. Sie respektiert seine Individualität, seine Privatsphäre. Aber die Liebespaare, die man überall auf der Welt antrifft, haben nur eines im Sinn – daß nichts privat bleiben darf. Es darf keine Geheimnisse geben. Sie haben Angst vor Individualität. Sie zerstören gegenseitig ihre Individualität. Und dann hoffen sie, daß sie, indem sie einander zerstören, zu einem zufriedenen und erfüllten Leben finden! Dabei werden sie einfach immer nur unglücklicher.

Seid liebevoll und vergeßt nicht: alles Authentische ändert sich immer. Man hat euch die Fehlvorstellung eingehämmert, wahre Liebe währe immer. Eine echte Rose blüht nicht für immer. Ja, jedes lebende Wesen muß eines Tages sterben.

Die Existenz ist ständiger Wandel. Woher nur die Vorstellung, die fixe Idee, daß Liebe, um wahr zu sein, dauerhaft sein muß... und daß, wenn die Liebe eines Tages verschwindet, sich selbstverständlich daraus ergibt, daß sie nicht echt war?

Begreift: die Liebe kam plötzlich, und nicht, weil du irgendeine Anstrengung deinerseits unternommen hattest; sie kam als ein Geschenk der Natur, und du hättest es damals sicher nicht angenommen, wenn du darüber besorgt gewesen wärest, daß sie eines Tages plötzlich wieder geht. Wie sie kommt, so geht sie.

Aber kein Grund zur Sorge – denn wenn eine Blume verblüht ist, werden andere Blumen nachkommen. Blumen wachsen immer nach, aber klammere dich nicht an *eine* Blume. Sonst hängst du bald an einer toten Blume fest. Und genau das ist die Wirklichkeit; die Menschen klammern sich an eine tote Liebe, die einmal lebendig war. Jetzt ist sie nur noch eine Erinnerung und ein Schmerz; und ihr steckt fest – dank Ansehen und Gesetz.

Karl Marx hatte den Gedanken, den richtigen Gedanken, daß es im Kommunismus keine Ehen mehr geben würde. Und nach der Revolution in Rußland, in den ersten vier, fünf Jahren, versuchten sie es mit der freien Liebe. Aber dann wurden ihnen praktische Schwierigkeiten bewußt, die Marx nicht bedacht hatte – er *dachte* ja nur –, und das größte Problem war, daß ohne Ehe die Familie verschwindet. Und die Familie ist das Rückgrat, die eigentliche Stütze der Gesellschaft, des Staates. Wenn die Familie verschwindet, dann hat der Staat bald ausgedient.

Und schon nach fünf Revolutionsjahren änderte die Kommunistische Partei in Rußland ihre ganze Einstellung. Die Ehe wurde wieder gefördert, die Scheidung wurde zwar erlaubt, aber nur widerstrebend – alle erdenklichen Hindernisse wurden der Scheidung in den Weg gelegt, auf daß die Zelle der Familie bestehen bleibe; denn jetzt war ihnen der Bestand des Staates wichtig. Ohne Staat gibt es keine Politiker, keine Regierung mehr.

Und seitdem haben sie nie mehr davon gesprochen, daß es eine der Hauptgedanken von Marx gewesen war, daß die Ehe als Folge von Privatbesitz entstanden war, folglich also die Ehe auch wieder verschwinden würde, sobald der Privatbesitz verschwand. Kein Wort mehr davon. Ich habe mit Kommunisten gesprochen, aber sie sind in die gleiche Falle gegangen wie alle Religionen. *Das Kapital* von Karl Marx ist ihre heilige *Bibel*, ihr heiliger *Koran* geworden: man darf keine Silbe darin ändern.

Ich sagte: „Das ist wahr, aber ich sage ja nicht, ihr sollt es abändern, sondern euch daran halten." Sie halten sich aber nicht daran. Sie haben begonnen, es anzubeten. Das ist der alte Trick der Menschheit, um jede echte Revolution auf der Welt zu verhindern: Anbetung.

Ich möchte, daß es keine Familien gibt, ich möchte, daß es keine Staaten gibt – ich möchte nicht, daß die Welt in Teile zerlegt wird. Ich möchte *eine* Welt aus lauter freien Individuen, die in spontaner Liebe leben, die in Stille leben, in Spiel, ohne alle Verdammung von Spaß, ohne alle Angst vor der Hölle – weil wir das Paradies *hier* erschaffen können. Wir haben absolut das Potential dazu, aber wir nutzen es nicht. Im Gegenteil, wir errichten jedes nur mögliche Hindernis, damit die Erde kein Paradies werden soll.

Ich bin nicht gegen die Liebe. Ich bin zu sehr für die Liebe, und gerade deshalb bin ich gegen Beziehungen, gegen Ehen. Es ist möglich, daß zwei Menschen ihr ganzes Leben zusammenleben. Niemand sagt, daß ihr euch trennen müßt, aber dieses Zusammenleben wird nur aus Liebe zueinander sein, ohne Einmischung und Verletzung der Individualität des anderen, seiner geheimsten Seele; das verlangt seine Würde.

Ich spreche von Liebe als einem spirituellen Phänomen, nicht als Biologie. Biologie ist nicht Liebe, sondern Wollust. Die Biologie ist am Weiterbestehen der Arten interessiert; die Idee der Liebe ist nur ein biologischer Bestechungsversuch. Sobald du mit einer Frau oder einem Mann geschlafen hast, merkst du plötzlich, daß du kein Interesse mehr hast, zumindest für vierundzwanzig Stunden. Und es kommt auf dein Alter an – mit zunehmendem Alter achtundvierzig Stunden, zweiundsiebzig Stunden...

Ein neuer Kommandant trifft im Stützpunkt der französischen Fremdenlegion ein und läßt sich vom Hauptmann alle Gebäude zeigen. Nachdem er seinen Rundgang beendet hat, sieht der Kommandant den Hauptmann scharf an und sagt:

„Augenblick, Sie haben mir nicht das kleine blaue Gebäude da drüben gezeigt. Wozu wird das verwendet?"

Der Hauptmann sagt: „Tja, Herr Kommandant, wissen Sie, da stellen wir das Kamel unter. Immer wenn unsere Männer den Wunsch nach einer Frau verspüren..."

„Schon gut!", sagt er Kommandant angewidert.

Etwa zwei Wochen später verspürt der Kommandant selbst ein Verlangen nach einer Frau. Er geht zum Hauptmann und sagt, indem er seine Stimme senkt und verstohlen um sich blickt: „Sagen Sie, Hauptmann, ist das Kamel bald irgendwann zu haben?"

Der Hauptmann sagt: „Einen Augenblick bitte", und öffnet sein Buch: „Jawohl, Herr Kommandant, das Kamel ist morgen nachmittag um zwei Uhr zu haben."

Der Kommandant sagt: „Merken Sie mich vor."

Am nächsten Tag, Punkt zwei Uhr, geht der Kommandant zu dem kleinen, blauen Gebäude und öffnet die Tür. Drinnen sieht er das süßeste Kamel, das er je gesehen hat. Er macht die Tür zu. Der Hauptmann hört ein mächtiges Gebrüll und Geschrei, rennt hinüber und stürmt in die Hütte. Er findet den Kommandanten nackt, mit Kamelhaar und Kot bedeckt.

„Pardon, Herr Kommandant", sagt der Hauptmann, „aber wäre es nicht klüger, es wie die andern Männer zu halten und mit dem Kamel in die Stadt zu reiten und sich dort eine Frau zu suchen?"

DER WAHRE FEIND DER LIEBE

Statt Angst – lebe Liebe! Das sind polare Gegensätze. Normalerweise denken die Menschen, Liebe und Haß wären Gegensätze. Das ist falsch – es sind keine. Liebe und Haß sind dieselbe Energie, Liebe/Haß ist *eine* Energie. Liebe kann zu Haß werden, Haß kann zu Liebe werden; sie sind umkehrbar. Sie sind also nicht gegensätzlich, sondern komplementär. Wirklich, wir lieben und wir hassen dieselbe Person. Beides geht immer zusammen. Es sind keine Feinde, es sind Freunde. Der wahre Gegensatz ist der zwischen Liebe und Angst. Die gehen nie zusammen; wenn du dich zu sehr an die Angst heftest, verschwindet die Liebe. Angst kann nicht in Liebe umschlagen, Liebe kann nicht in Angst umschlagen; sie sind nicht umkehrbar.

Nur Liebe macht dich reich. Angst lähmt und verkrüppelt, und je stärker die Lähmung, desto stärker wird die Angst – es ist also ein Teufelskreis. Liebe gibt dir Flügel, sie hilft dir, dich ins Leben hineinzuentspannen, sie gibt dir Mut, das Leben immer neu zu erfahren. Sie erlaubt dir die gesamte Spannweite des Lebens, sie ist mehrdimensional. Sie ist der gesamte Regenbogen, alle Farben des Lebens zusammengenommen. Das erste also: Gib die Angst auf und trinke mehr und mehr Liebe; ersetze Angst durch Liebe.

Und das zweite: Orientiere dich am Himmel, am Unermeßlichen, an Freiheit, an Unendlichkeit. Denk nicht an Kleinigkeiten, an Trivialitäten. Angst denkt immer an Kleinigkeiten, Liebe denkt nie an Kleinigkeiten, Liebe ist bereit, alles zu opfern; Liebe denkt nur ans Unermeßliche. Sie ist ein Adler im Flug, sie geht auf die Suche nach dem Unbekannten.

SICH SELBST LIEBEN

Bhagwan,
du lehrst den Menschen, sich um sich selbst zu kümmern, bevor er sich um andere zu kümmern versucht. Das scheint gegen viele Religionen der Welt gerichtet zu sein, die den Dienst an der Menschheit lehren, und es muß ihnen wie eine sehr egoistische Einstellung vorkommen. Kannst du darüber sprechen?

Das geht nicht nur gegen viele Religionen, das geht gegen alle Religionen der Welt. Sie alle lehren den Dienst am Nächsten, die Selbstlosigkeit. Für mich jedoch ist Egoismus eine natürliche Erscheinung.

Selbstlosigkeit ist aufgezwungen. Egoismus ist Teil deiner Natur.

Bevor du nicht soweit bist, daß dein Selbst eins wird mit dem Universum, kannst du nicht wahrhaft selbstlos sein. Du kannst nur blenden. Aber dann wirst du zum Heuchler, und ich möchte nicht, daß meine Sannyasins Heuchler sind. Es ist also ein bißchen kompliziert, aber doch verstehbar.

Zunächst: Egoismus ist Teil deiner Natur. Das mußt du akzeptieren. Und wenn er Teil deiner Natur ist, muß er einen sehr wesentlichen Zweck erfüllen, sonst würde er gar nicht erst existieren.

Du hast es deinem Egoismus zu verdanken, daß du überlebt und für dich gesorgt hast. Sonst wäre die Menschheit schon längst ausgestorben. Stell dir ein selbstloses Kind vor, das ohne Egoismus geboren wurde. Es wird nicht überleben können, es wird zugrundegehen – denn schon das Atemholen ist egoistisch. Essen ist egoistisch. Es gibt Millionen, die hungern, und du ißt; es gibt Millionen, die krank sind, die dahinsterben, und du bist gesund!

Würde ein Kind ohne Egoismus als wesentlichem Bestandteil seiner Natur geboren, könnte es nicht überleben. Wenn sich ihm eine Schlange näherte, warum sollte es ihr aus dem Weg gehen? Laß sie ruhig beißen… Es ist dein Egoismus, der dich davor schützt, sonst würdest du der Schlange in den Weg laufen.

Wenn dich ein Löwe anspringt und dich töten will, laß dich töten. Das ist Selbstlosigkeit. Der Löwe hat Hunger, du bist sein Fraß – wieso maßt du dir an, ihn zu hindern? Du solltest dich nicht wehren, du solltest nicht kämpfen. Du solltest dich einfach dem Löwen auf einem Teller servieren. Das ist Selbstlosigkeit.

All diese Religionen haben Dinge gelehrt, die unnatürlich sind. Dies ist nur eines davon.

Ich lehre euch die Natur. Ich lehre euch, natürlich zu sein, völlig natürlich, ohne jede Scham natürlich.

Ja, ich lehre euch Egoismus. Niemand vor mir hat das ausgesprochen. Keiner hatte den Mut, es auszusprechen. Und alle waren sie egoistisch! Das ist das Erstaunlichste an der ganzen Geschichte.

Warum kasteit sich ein Mönch? Er hat sein Motiv: er will sich das Paradies verdienen, mitsamt allen Freuden, die es enthält. Er opfert nichts, er feilscht nur. Er ist ein Geschäftsmann, und in seinen Schriften steht: „Es wird dir tausendfach vergolten werden." Und dieses Leben ist ja so kurz – siebzig Jahre sind nichts! Wenn du also die Freuden von siebzig Jahren für die Freuden der Ewigkeit opferst, ist das ein gutes Geschäft.

Ich finde das nicht selbstlos.

Und warum haben diese Religionen dich gelehrt, der Menschheit zu dienen? Was ist das Motiv? Was ist das Ziel? Was bekommst du dafür? Das hast du dich wahrscheinlich nie gefragt. Es ist keine Nächstenliebe…

All diese Religionen, die von Nächstenliebe sprechen, sind fraglos daran interessiert, daß die Menschheit arm bleibt, daß die

Menschen immer Hilfe brauchen, daß es Waisen gibt, daß es Witwen gibt, alte Leute, um die sich niemand kümmert, Bettler. Diese Menschen sind nötig, absolut nötig. Was würde sonst aus all diesen großartigen Helfern der Menschheit? Was würde sonst aus all diesen Religionen und ihren Lehren? Und wie soll man anders ins Reich Gottes kommen? Diese Menschen werden als Leiter benötigt!

Nennt ihr das Selbstlosigkeit? Ist ein Missionar selbstlos? Er rettet andere um seines eigenen Heils willen. Unten drunter steckt immer noch der Egoismus, doch nun hat er sich in ein schönes Wort verkleidet: Selbstlosigkeit, Dienst am Nächsten.

Aber warum ist überhaupt ein Dienst am Nächsten nötig? Warum gibt es überhaupt Not? Können wir diese Vorwände für die Nächstenliebe nicht einfach abschaffen? Wir können durchaus, doch die Religionen würden das sehr übelnehmen. Das ist ja gerade ihr Geschäft – wenn es keine Armen, keine Hungernden, keine Leidenden, keine Kranken mehr gibt, verlieren sie ihre Existenzgrundlage. Und die Wissenschaft kann das möglich machen. Es liegt heutzutage absolut in unserer Hand. Es hätte schon längst passieren können, wenn diese Religionen nicht jeden, der zu einem Wissen beitragen wollte, das alle Vorwände für die Nächstenliebe überflüssig gemacht hätte, daran gehindert hätten.

Aber diese Religionen sind immer grundsätzlich gegen jeglichen wissenschaftlichen Fortschritt gewesen – und reden vom Dienst am Menschen!

Darum sage ich euch: Dienst am Nächsten ist ein Schmutzwort. Nehmt es nie in den Mund. Ja, ihr könnt mit andern teilen, aber demütigt nie einen andern, indem ihr ihm euren Dienst am Nächsten angedeihen laßt. Es ist Demütigung.

Wenn du „einem Nächsten dienst“ und dich großartig fühlst… dann hast du den anderen zum kleinen Wurm reduziert, zum Untermenschen. Und wie hoch du über ihm stehst, daß du deine eigenen Interessen opfern kannst und den Armen hilfst! Du demütigst sie damit nur.

Wenn du etwas hast, etwas, das dich freut, das dir Frieden und Ekstase schenkt, teile es mit anderen.

Und denk daran, daß wenn du mit anderen teilst, dies ohne Motiv geschieht. Ich verspreche dir nicht den Himmel, wenn du teilst. Ich verheiße dir keinen Gewinn.

Ich sage dir, daß du allein durch das Teilen ungeheuer erfüllt sein wirst. Im Teilen selbst liegt die Erfüllung, darüber hinaus gibt es nichts zu gewinnen – es ist kein Mittel zum Zweck. Es ist ein Selbstzweck.

Und du wirst dem Menschen dankbar sein, der zugelassen hat, daß du deinen Überfluß mit ihm teilst. Du wirst nicht finden, daß er dir dankbar sein sollte, denn du hast ihm nicht „gedient". Und nur solche Menschen, die gern teilen, statt Dienst am Nächsten zu üben, können all diese Vorwände abschaffen, diese widerwärtigen Vorwände, die es überall auf der Welt gibt. Doch sie geben ihnen schöne Namen... über Jahrtausende hin haben sie viel Geschick darin entwickelt, schrecklichen Dingen schöne Namen zu geben. Wenn man anfängt, häßlichen Dingen schöne Namen zu geben, vergißt man möglicherweise selbst, daß man sie damit nur zugedeckt hat. Dahinter bleibt die Wirklichkeit dieselbe.

Diener der Allgemeinheit, Missionare und dergleichen werden nicht gebraucht. Wir brauchen mehr Intelligenz.

Deswegen lehre ich Egoismus.

Ich möchte, daß ihr vor allem erst einmal euer eigenes Aufblühen erlebt. Richtig, es wird den Eindruck von Egoismus erwecken – ich habe keinen Einwand gegen diesen Eindruck von Egoismus. Ich habe nichts dagegen.

Aber ist die Rose egoistisch, wenn sie blüht? Ist die Sonne egoistisch, wenn sie scheint? Warum läßt du dir also graue Haare wachsen wegen Egoismus?

Du bist geboren. Deine Geburt gibt dir nur die Chance, nur den Anfang, nicht das Ende. Du mußt zur Blüte kommen. Verschwende dein Leben nicht mit irgendeinem albernen Dienst am Nächsten. Deine erste und wichtigste Verantwortung ist, daß du aufblühst, völlig bewußt wirst, hell und wach wirst. Und aus diesem Bewußtsein heraus wirst du erkennen können, was du zu geben hast, wie du Probleme lösen kannst.

Und neunundneunzig Prozent aller Probleme der Welt können gelöst werden – vielleicht ein Prozent ist nicht zu lösen. Mit solchen Menschen kannst du teilen, was immer du mit ihnen zu teilen hast. Aber erst mußt du überhaupt etwas haben, was geteilt werden kann.

All diese Religionen haben bis heute der Menschheit nicht geholfen, auch nur ein einziges Problem zu lösen.

Prüft selbst, was ich sage: haben sie auch nur ein einziges Problem gelöst? Dabei betreiben sie dieses Geschäft mit dem Dienst am Nächsten schon seit undenklichen Zeiten.

Die Armen sind immer noch arm und werden zusehends ärmer. Es gibt immer noch Kranke, immer noch Altersschwache, immer noch alle erdenklichen Krankheiten, immer noch alle erdenklichen Verbrechen – und ihre Zahl nimmt ständig zu.

Jedes Jahr werden auf der Welt mehr Verbrechen begangen als im Jahr zuvor. Seltsam. Immer mehr Gefängnisse, immer mehr Gerichte; sie meinen, sie wären dazu da, Verbrechen einzudämmen, dabei nimmt mit ihnen die Zahl der Verbrechen zu.

Irgendwo ist da etwas absolut faul. Was sie tun, geht völlig an dem Problem vorbei. Der Mensch, der ein Verbrechen begeht, ist kein Verbrecher, er ist ein kranker Mensch. Er braucht nicht ins Gefängnis geworfen und gequält zu werden, er muß in eine psychiatrische Klinik eingewiesen werden und dort versorgt werden, von Ärzten, rücksichtsvoll. Es war nicht seine Schuld.

Heute haben wir alle Mittel, daß dieser Mensch ein würdiges

Wesen werden kann. Dienst am Nächsten ist nicht das, was wir brauchen. Was wir brauchen ist, daß du dein Bewußtsein mit anderen teilst – dein Wissen, dein Dasein, deine Ehrfurcht vorm Leben – aber erstmal mußt du das alles haben.

Ich halte es für das größte Problem der Menschheit, daß sie keine Ahnung von Meditation hat. Für mich ist das das größte Problem. Weder die Bevölkerungsexplosion, noch die Atombombe, noch der Hunger… nein, das sind nicht die grundlegenden Probleme. Das alles läßt sich leicht durch die Wissenschaft lösen.

Das einzig grundlegende, wissenschaftlich unlösbare Problem ist, daß die Menschen nicht zu meditieren verstehen.

Meinen Sannyasins sage ich: denkt zunächst an euch selbst, einzig und allein an euch selbst. Blüht auf. Erlangt eure Blüte und euren Duft, und dann teilt ihn mit anderen. Teilt ihn mit jenen Unglücklichen, die dasselbe Potential hatten wie ihr, aber denen das Leben keine Chance bot, nach innen zu gehen und einen Geschmack von ihrer eigenen Göttlichkeit zu bekommen.

Ich bin gegen alle Religionen, denn für mich ist alles, was sie getan haben, absolut wertlos. Aber sie tun es mit schönen Worten und verstecken alles hinter schönen Worten.

Ich lehre euch, natürlich zu sein.

Und ich lehre euch, eure Natürlichkeit zu akzeptieren. Eins weiß ich sicher: daß wenn ihr aufgeblüht seid, ihr mit anderen teilen werdet. Das ist ganz unvermeidlich. Wenn die Blume sich öffnet, kann sie unmöglich ihren Duft für sich behalten und einsperren. Der Duft entweicht. Er dringt in alle Himmelsrichtungen.

LIEBE IST LUXUS

Bhagwan,
was wird aus Liebe, wenn es nichts und niemanden gibt, der sie erkennt und von ihr kostet?

Der Mensch gelangt in dem Moment zur Reife, da er beginnt zu lieben, statt Liebe zu brauchen; da er beginnt, sich zu verströmen, sich zu verteilen, sich zu verschenken.

Der Unterschied ist riesig. Beim ersteren liegt der Akzent darauf, wie du immer mehr bekommen kannst. Beim letzteren liegt der Akzent darauf, wie du geben, wie du immer mehr geben, und wie du bedingungslos geben kannst. Daran erkennst du, daß du gewachsen, gereift bist.

Wie kann ein Bedürfnis Liebe sein? Liebe ist Luxus. Sie ist Überfluß. Liebe heißt, so viel Leben zu haben, daß du nicht weißt, wohin damit – also gibst du anderen ab. Liebe heißt, so viele Lieder im Herzen zu haben, daß du sie singen mußt – einerlei ob jemand zuhört oder nicht. Selbst wenn niemand zuhört, mußt du trotzdem singen, mußt du deinen Tanz tanzen.

Der andere mag es genießen, er mag es verpassen – was dich betrifft, so strömt es, strömt es über. Flüsse fließen nicht für dich, sie fließen, ob du da bist oder nicht. Sie fließen nicht für deinen Durst, sie fließen nicht für deine durstigen Äcker; sie fließen ganz einfach dahin. Du kannst deinen Durst stillen oder nicht – das ist an dir. Der Fluß ist nicht wirklich für dich geflossen, der Fluß floß einfach. Es ist Zufall, daß du das Wasser für deinen Acker bekommst, es ist Zufall, daß du das Wasser für deine Bedürfnisse bekommst.

Wenn du keine Liebe hast, bittest du den anderen, dir welche zu geben. Du bist ein Bettler. Und der andere bittet dich, ihm oder ihr Liebe zu geben. Da stehen also zwei Bettler mit ausgestreckten Händen voreinander und beide hoffen, daß der andere es hat... Natürlich fühlen sich beide am Ende enttäuscht und fühlen sich beide betrogen.

Nun, da liegt das Paradox: wer sich verliebt, hat keine Liebe, deswegen verliebt er sich. Und da er keine Liebe hat, kann er keine geben. Und noch etwas: ein unreifer Mensch verliebt sich in einen anderen unreifen Menschen, weil nur er die Sprache des anderen verstehen kann. Ein reifer Mensch liebt einen reifen Menschen. Ein unreifer Mensch liebt einen unreifen Menschen.

Das Grundproblem in der Liebe ist: man muß zur Reife gelangen, erst dann wird man einen reifen Partner finden; dann ziehen dich unreife Menschen überhaupt nicht mehr an. So ist es einfach. Mit fünfundzwanzig Jahren verliebst du dich ja auch nicht in ein zweijähriges Baby; das tust du einfach nicht. Genauso verliebst du dich nicht in ein Baby, wenn du ein psychologisch und spirituell reifer Mensch bist. Das passiert nicht, das *kann* nicht passieren. Du siehst von vornherein, daß es keinen Sinn machen wird. So ein Verlieben wäre ein „Fallen".

Tatsächlich *ver*liebt sich ein reifer Mensch nicht in diesem Sinne, er „fällt" nicht in die Liebe hinein, vielmehr „steigt" er zur Liebe auf. Das Wort „fallen" stimmt nicht. Nur unreife Menschen fallen; sie stolpern und fallen in die Liebe hinein. Mit Ach und Krach schaffen sie es, aufrecht zu stehen. Sie halten es aber nicht lange durch und können nicht senkrecht stehenbleiben – sie treffen eine Frau, und schon fallen sie auf die Nase; sie treffen einen Mann, und schon fallen sie auf die Nase. Sie waren jederzeit bereit, auf die Nase zu fallen und auf dem Boden zu kriechen. Sie haben kein Rückgrat, keinen aufrechten Gang, sie haben nicht die Integrität, allein dazustehen.

Ein reifer Mench hat die Integrität, für sich zu sein. Und wenn ein reifer Mensch Liebe schenkt, schenkt er sie völlig bedingungslos: er schenkt einfach. Und wenn ein reifer Mensch Liebe schenkt, fühlt *er* sich dankbar, daß du sie akzeptiert hast, und erwartet nicht umgekehrt, daß du dafür dankbar bist – nein, absolut nicht, er braucht deinen Dank nicht. Er bedankt sich bei dir, daß du sie akzeptiert hast. Und wenn zwei reife Menschen sich lieben, kommt es zu einem der größten Paradoxe im Leben, zu einem der schönsten Phänomene überhaupt: sie sind zusammen und doch unglaublich für sich; sie sind so nah zusammen, daß sie beinahe eins sind, und doch zerstört ihr Einssein nicht ihre Individualität, sondern verstärkt sie in Wirklichkeit noch; sie werden noch individueller. Zwei liebende, reife Menschen helfen einander, freier zu werden. Dabei gibt es keine Politik, keine Diplomatie, kein Bestreben, den anderen zu beherrschen. Warum sollte man den Geliebten beherrschen?

Wenn du in dein wahres Zuhause gelangst, wenn du weißt, wer du bist, dann steigt aus deinem Inneren Liebe auf. Dann strömt dieser Duft, und du kannst ihn weitergeben. Wie kannst du etwas weitergeben, das du nicht hast? Zum Geben gehört als Voraussetzung, etwas zu haben.

Wie kann man Geschenke machen, wenn man nichts hat? Das hört und begreift ihr zwar, aber das Problem ist, daß ihr es mit dem Intellekt begreift. Wenn es euch bis ins Innerste gedrungen ist, wenn ihr gesehen habt, daß es tatsächlich so ist, dann gibt es da überhaupt keine Frage.

Dann werdet ihr eure Beziehungen, die alle auf Abhängigkeit beruhen, vergessen und anfangen, an eurem eigenen Inneren zu arbeiten: zu klären, zu reinigen, euer Innerstes wacher, bewußter zu machen. Damit fangt ihr dann an. Und je mehr ihr fühlt, daß ihr in euch zur Ganzheit gelangt, desto mehr wird euch bewußt, daß Hand in Hand damit die Liebe wächst – sie ist eine Begleiterscheinung.

Sie braucht nicht erkannt zu werden; sie braucht keine Anerkennung, keine Beglaubigung, niemanden, der von ihr kostet. Ein anderer mag sie zufällig erkennen – für die Liebe ist das ohne Bedeutung, sie wird weiterströmen. Kostet niemand von ihr, erkennt niemand sie, fühlt niemand sich durch sie beglückt, entzückt – die Liebe strömt weiter; denn es ist einfach ihr Strömen, was dich so unsäglich glücklich macht, was dich unsäglich erfreut. Ihr Strömen an sich... wenn deine Energie strömt.

Du sitzt in einem leeren Raum, und die Energie fließt und füllt den leeren Raum. Niemand sonst ist da – die Wände werden sich nicht bedanken –, keiner bemerkt die Liebe, keiner kostet von ihr. Doch das ist völlig einerlei. Wenn du deine Energie strömen läßt, bist du glücklich. Die Blume ist glücklich, wenn ihr Duft die Lüfte erfüllt, einerlei, ob die Lüfte davon wissen oder nicht.

Ich bin. Ich bin... – ob Jünger da sind oder nicht, das ist unwichtig – ich bin nicht abhängig von euch. Und mein ganzes Bemühen hier ist, daß auch ihr unabhängig werden könnt von mir.

Ich bin hier, um euch Freiheit zu geben. Ich will euch in keiner Weise beschneiden; ich möchte, daß ihr nur ihr selbst seid. Und an dem Tag, an dem es passiert, daß ihr von mir unabhängig seid, werdet ihr mich erst wirklich lieben können – eher nicht.

Ich liebe euch. Ich kann nicht anders. Die Frage ist nicht, ob ich euch lieben kann oder nicht – ich liebe euch einfach. Auch wenn ihr nicht hier seid, wird dieses Auditorium von meiner Liebe erfüllt sein, es wird keinen Unterschied machen. Die Bäume hier werden immer weiter meine Liebe bekommen, die Vögel hier werden sie immer weiter bekommen. Und selbst wenn alle Bäume und Vögel sich auflösen, macht das keinen Unterschied – die Liebe wird immer weiter strömen. Liebe *ist*, also strömt Liebe.

LIEBE UND MEDITATION

Bhagwan,
tief in mir ist da die Sehnsucht nach der dauerhaften Liebe. Ist das albern?

Liebe kann in zwei Dimensionen existieren: entweder als Horizontale oder als Vertikale. Uns ist nur diejenige Liebe vertraut, die auf der Horizontalen liegt, welche zugleich die Dimension der Zeit ist. Die Vertikale ist die Dimension der Ewigkeit.

Die Sehnsucht im Herzen gilt nicht der Dauer; an dem Punkt hast du mißverstanden. Doch dieses Mißverständnis ist beinahe universell, denn wir kennen nur eine einzige Ebene: die horizontale, die Dimension der Zeit. In dieser Dimension gibt es nur zwei Möglichkeiten: entweder ist etwas momenthaft *oder* dauerhaft. Aber das Dauerhafte ist nichts anderes als *viele Momente;* auch das beginnt und endet. Die Dauer ist nicht ewig, sie kann es nicht sein. Nichts kann in der Zeit ewig sein. Was in der Zeit geboren ist, muß notwendig in der Zeit sterben. Wenn es einen Anfang gibt, gibt es auch ein Ende.

Und deine Liebe hat einen Anfang; sie beginnt in einem bestimmten Augenblick der Zeit. Dann muß sie einfach enden. Ja, sie kann früher *oder* später enden. Wenn sie schnell endet, dann nennt ihr das flüchtig; wenn es etwas länger braucht, bis sie endet, dann nennt ihr das dauerhaft. Aber auch die Dauer wird das Herz nicht zufriedenstellen, denn das Herz sehnt sich nach etwas, das überhaupt nicht endet, das immerwährend ist. Es ist die Sehnsucht nach Gott. „Gott" ist eine andere Bezeichnung für ewige Liebe.

Aber der Verstand weiß nichts von Ewigkeit. Das Herz sehnt sich nach dem Ewigen, aber das Herz wird ununterbrochen vom Verstand interpretiert. Und der Verstand kennt entweder nur eine sehr kurzlebige Liebe oder eine etwas langlebigere Liebe.

Aber selbst wenn die Liebe ein bißchen länger lebt, wird immer die Angst da sein, daß sie zuende geht. Und deine Angst *stimmt*, sie *wird* enden. Ja, sie währt umso länger, unintelligenter du bist. Wenn du sehr, sehr dumm bist und sehr, ja sehr unintelligent bist, dann wird es sehr lange dauern, bis du die Sinnlosigkeit des Ganzen verstehst. Wenn du sehr intelligent bist, kann es schnell enden, weil du einsiehst, daß nicht viel dran ist.

Je intelligenter einer ist, desto kurzlebiger wird seine Liebe sein – Liebe, wie ihr sie kennt. Deshalb wird die Liebe jetzt, wo die Menschheit intelligenter wird, zu einer kurzlebigen Sache. Früher war sie fast immer dauerhaft, etwas wie Scheidung gab es überhaupt nicht. In unterentwickelten Ländern gibt es so etwas wie Scheidung noch heute nicht. Je gebildeter, kultivierter und entwickelter ein Land wird, desto höher wächst die Scheidungsrate – genau im selben Verhältnis; aus dem einfachen Grund, weil die Leute sehen können, daß sie einander langweilig werden. Dann hat es keinen Sinn mehr, es hinzuschleppen, dann ist es besser, Schluß zu machen.

Aber der Verstand kann mit der einen Sache Schluß machen, und sofort eine andere Illusion nachschieben – wieder und wieder. Der Verstand ist ein Nicht-Lerner. Und der Verstand ist so mächtig geworden, daß nichts, was vom Herzen kommt, dich, dein Inneres, je erreicht, ohne schon vom Verstand interpretiert worden zu sein.

Das Herz sagt Ewigkeit und der Verstand interpretiert Dauer. Genau an diesem Punkt gehst du am Wesentlichen vorbei; die Sehnsucht des Herzens gilt einer vertikalen Dimension – und zwar der Dimension der Meditation.

Die Sehnsucht deines Herzens ist kein Zeichen von Dummheit, aber du mißverstehst sie. Du möchtest eine Liebe, die aus Meditation geboren ist, nicht eine, die aus dem Verstand geboren ist. Das ist die Liebe, von der ich ununterbrochen spreche. Das ist die Liebe, von der Jesus spricht: diese Liebe ist Gott. Sie ist nicht *deine* Liebe; deine Liebe kann nicht Gott sein. Deine Liebe ist nur ein einprogrammiertes Phänomen; sie ist Biologie, sie ist Physiologie, sie ist Psychologie, aber sie ist nicht ewig.

Mein Vorschlag ist: wenn du wirklich bereit bist, die Sehnsucht deines Herzens zu erfüllen, dann schlag dir alle Liebe aus dem Kopf. Dann meditiere erst, denn die Liebe wird aus der Meditation kommen. Sie ist der Duft der Meditation. Meditation ist die Blüte. Laß sie sich öffnen. Laß sie dir helfen, in die Dimension der Vertikalen hineinzukommen, in deinen Nicht-Verstand, in die Nicht-Zeit, und dann wirst du plötzlich sehen – der Duft ist da. Dann ist sie ewig, dann ist sie unbedingt. Kein Traum kann von Dauer sein, und deine Liebe ist ein Traum. Und der Verstand kann nur träumen. Er kann dir nicht die Realität geben.

Komm raus aus dem Verstand! Schlag dir alle Liebe aus dem Kopf. Du verstehst überhaupt nichts von Liebe – du kannst nichts von Liebe verstehen. Nur durch Meditation wirst du die Dimension deines Daseins verändern: statt horizontal wirst du vertikal werden. Statt in Vergangenheit und Zukunft zu leben... denn warum überhaupt Dauer? Dauer bedeutet, daß du alles unter Dach und Fach haben möchtest, sogar die Zukunft. Du möchtest, daß es so bleibt, wie es ist, sogar in Zukunft – aber warum? Genau betrachtet muß es schon aus sein; erst dann nämlich beginnt man, über Dauer nachzudenken.

Wenn zwei Verliebte wirklich voll in der Illusion stecken, dann denken sie nicht über Dauer nach. Fragt ein beliebiges Liebespaar zur Zeit ihrer Flitterwochen – sie denken nicht über Dauer nach. Sie *wissen*, daß sie für immer zusammenbleiben werden!

Aber sobald es anfängt, euch aus den Händen zu gleiten, sagt der Verstand: „Jetzt aber festhalten! Besiegelt die Sache! Tut alles, damit es andauert. Schaut nicht auf die Risse, die ständig größer werden. Seht nicht hin, guckt weg, vergeßt sie einfach! Übertüncht sie immer wieder, haltet es irgendwie zusammen."

Aber da verlangt ihr das Unmögliche.

Ich kann dich Meditation lehren, und aus Meditation wird eine neue Liebesqualität erwachsen. Dann ist es kein Firlefanz mehr. Dann ist es Weisheit, nicht Dummheit. Dann fällst du nicht in die Liebe hinein, sondern *steigst* zur Liebe auf. Dann hast du Liebe – als Eigenschaft. Genauso wie Licht eine Flamme umgibt, umgibt dich Liebe. Du *bist* liebend, du *bist* Liebe. Dann hat sie Ewigkeit, ist sie an niemanden adressiert. Wer immer dir nahekommt, wird aus ihr trinken. Wer immer dir nahekommt, wird von ihr verzaubert. Ein Baum, ein Stein, ein Mensch, ein Tier – es spielt keine Rolle. Selbst wenn du ganz allein dasitzt...

Buddha, der allein unter seinem Baum sitzt, strahlt Liebe aus. Es regnet ständig Liebe um ihn her, und die ist ewig. Und die ist die wahre Sehnsucht des Herzens.

Teil III

Lachen

„Für mich ist Humor der Grundstein
der zukünftigen Religiosität
des Menschen."

Bhagwan Shree Rajneesh

Ein smartes New Yorker Karriere-Girl heiratete Stefano, einen gutaussehenden italienischen Bauernsohn. Sie war nur nicht mit seinen Manieren zufrieden und hatte ständig etwas an ihm auszusetzen.

Während des Hochzeitsmahles mäkelte sie an ihm herum, erinnerte ihn, was er zu sagen hatte, welches Messer zu welchem Gang benutzt werden sollte, wie man die Butter reichte. Schließlich waren die Gäste fort, und sie gingen ins Bett.

Stefano wälzte sich unruhig hin und her, völlig verunsichert. Endlich drehte er sich seiner frischvermählten Braut zu und stotterte: „Kannst du mir bitte die Muschi reichen?“

HABT IHR SCHON MAL ESEL LACHEN SEHEN?

Ihr seht keine Esel lachen, ihr seht keine Wasserbüffel einen Witz genießen. Es ist allein der Mensch, der einen Witz genießen kann, der lachen kann. Eure Heiligen sind wie Wasserbüffel und Esel. Sie sind unter Menschenniveau gefallen, sie haben etwas verloren, das von ungeheurem Wert ist. Ohne Lachen ist ein Mensch wie ein Baum ohne Blüten.

Aber die Gesellschaft braucht ernste Leute: Präsidenten, Premierminister, Universitätsrektoren, Professoren, Päpste, Shankaracharyas, Ayatollahs, Imams, alle möglichen Priester, Steuereintreiber, Regierungsräte... Jeder hat ernsthaft zu sein. Wenn sie einen Sinn für Humor haben, befürchtet die Gesellschaft, daß sie ihre Leistungsfähigkeit einbüßen. Wenn sie einen Sinn für Humor haben, würden sie menschlich werden. Sie haben genau wie Maschinen zu sein.

Die Art, wie Adolf Hitler läuft, ist mechanisch. Seht euch einfach seine Fotos an: wie er steht, wie er geht, wie er den Hitlergruß entgegennimmt, wie er selber grüßt. Es sieht fast maschinell aus, so als wäre er kein Mensch, sondern ein Roboter. Sein Gesicht, seine Gestik, alles ist roboterhaft, und er hat ganz Deutschland zu Robotern gemacht. Mehr als alles andere hat er Deutschland zerstört. Aber er hat eine sehr leistungsfähige Armee aufgebaut. Eine leistungsfähige Armee ist nur möglich, wenn die Menschen alle Intelligenz verlieren – mit allem, was Intelligenz beinhaltet.

Ein Sinn für Humor ist einer der Grundpfeiler von Intelligenz. Sobald du ihn verlierst, verlierst du auch Intelligenz. Je mehr du davon hast, desto intelligenter bist du. Die Frage ist nicht, wie du einen Sinn für Humor entwickelst – du entfernst einfach nur die

Hindernisse. Er ist schon da, er ist schon faktisch vorhanden. Du brauchst nur ein paar Steine zu entfernen, die deine Eltern, die Gesellschaft ihm in den Weg gelegt haben. Die Gesellschaft lehrt dich Selbstbeherrschung, und ein Sinn für Humor bedeutet Entspannung…

Ihr könnt nicht vor euren Eltern lachen, ihr könnt nicht vor euren Lehrern lachen, ihr könnt nicht vor euren Priestern lachen, ihr könnt nicht in den Kirchen lachen.

Und die Christen sagen, Jesus hätte nie gelacht. Ich kann das nicht glauben – er war doch kein Wasserbüffel! Er war einer der größten, intelligentesten Menschen, die je auf Erden gewandelt sind. Er muß gelacht haben, er muß es genossen haben. Er war weit mehr ein Mann dieser Erde als etwa Buddha. Er hat leidenschaftlicher und intensiver gelebt als je sonst ein Mensch, der erleuchtet war. Er liebte Frauengesellschaft; er hatte schöne Frauen als Jüngerinnen, sogar eine der berühmtesten Prostituierten jener Tage, Maria Magdalena. Er liebte das Essen, er liebte das Trinken. Er ist der einzige Erleuchtete, der Wein liebte. Ein wirklicher Mann! Und er genoß Festmähler ausgesprochen. Jeden Abend gab es ein Festmahl, und das Fest zog sich hin über Stunden.

Jesus war ein Mann der Erde. Er wiederholt häufig: „Ich bin der Menschensohn" – viel häufiger als etwa: „Ich bin der Sohn Gottes". Er ist der Erde näher als dem Himmel. Er ist eine sehr irdische Gestalt. Er muß gelacht, er muß genossen haben.

Aber die Priester und die Päpste und die Kirchen sind sehr ernsthaft. Eine Kirche zu betreten ist wie einen Friedhof zu betreten. Man muß ernst, man muß zugeknöpft sein.

All das muß fallengelassen werden.

Lady Ashcroft in London gedachte, eine vornehme Abendgesellschaft zu geben und stellte hierfür eine Bedienung ein, Miss Scapeccia, soeben aus Italien eingewandert.

„Vergessen Sie ja nicht die Zuckerzange," befahl die Lady. „Es ist nicht sehr schön, wenn die Männer zur Toilette gehen, sich… hm… dann rausholen und wieder zurücktun und danach dann die Zuckerstückchen mit den Fingern aufnehmen müssen."

„Si, Madam," antwortete das italienische Mädchen.

Später, als alle Gäste gegangen waren, sagte Lady Ashcroft: „Miss Scapeccia, ich dachte, ich hätte Ihnen klare Anweisung gegeben, die Zuckerzange auszulegen!"

„Aber ich schwöre, ich habe sie hingelegt!"

„Nun, ich habe sie nirgends auf dem Tisch gesehen."

„Auf dem Tisch? Ich hab sie auf die Toilette gelegt!"

Brambilla schenkte seinem Sohn Aldo zur Hochzeit zweihundert Dollar. Zwei Wochen später fragte er ihn: „Was hast du gemacht mit den Dollars?"

„Ich hab eine Armbanduhr gekauft, Papa," antwortete der Junge.

„Stupido!" schrie der Vater. „Hättest du lieber ein Gewehr gekauft!"

„Ein Gewehr! Um Himmels willen, wozu denn?"

„Was, wenn du eines Tages nach Hause kommst und deine Frau mit einem andern Mann im Bett liegt?" erklärt der Vater. „Willst du ihn aufwecken und ihm sagen, wie spät es ist?"

DAS LEBEN IST EIN KOSMISCHER WITZ

Das ganze Leben ist ein großer, kosmischer Witz. Es ist nichts Ernstes. Nimm es ernst, und du wirst es ständig verfehlen. Verständlich wird es erst durch Lachen.

Habt ihr noch nie beobachtet, daß der Mensch das einzige Wesen ist, das lacht? Aristoteles hat gesagt, der Mensch ist das einzige rationale Wesen. Das mag nicht wahr sein – denn auch Ameisen sind sehr rationale Wesen, Bienen sind sehr rational. Ja, verglichen mit Ameisen erscheint der Mensch geradezu irrational. Und ein Computer ist sehr rational – verglichen mit einem Computer ist der Mensch sehr irrational.

Meine Definition des Menschen ist, daß der Mensch das lachende Wesen ist. Kein Computer lacht, keine Ameise lacht, keine Biene lacht – nur der Mensch kann lachen. Das ist die höchste Stufe der Evolution, und nur durch Lachen werdet ihr zu Gott eingehen – weil ihr nur über die höchste Stufe in euch zum Letztendlichen gelangen könnt. Lachen muß eure Brücke werden.

DER LACHENDE BUDDHA

Lachen ist die eigentliche Essenz von Religion. Ernsthaftigkeit ist niemals religiös – kann gar nicht religiös sein. Ernsthaftigkeit ist Teil des Egos, Teil der eigentlichen Krankheit. Lachen ist Egolosigkeit.

Ja, es gibt wohl einen Unterschied zwischen eurem Lachen und dem Lachen eines religiösen Menschen. Der Unterschied ist, daß ihr immer nur über andere lacht; der religiöse Mensch lacht über sich selbst oder über die ganze Lachhaftigkeit des menschlichen Daseins.

Religion kann nichts anderes sein als eine Feier des Lebens. Und der ernsthafte Mensch ist behindert: er baut Schranken auf. Er kann nicht tanzen, er kann nicht singen, er kann nicht feiern. Die ganze Dimension des Feierns verschwindet aus seinem Leben. Er wird gleich einer Wüste. Und wenn du wie eine Wüste wirst, kannst du dir zwar weiter einbilden, weiter so tun, als wärst du religiös, aber du bist es nicht.

Du magst ein Sektierer sein, aber religiös bist du nicht. Du kannst ein Christ sein, ein Hindu, ein Buddhist, ein Jain, ein Mohammedaner, aber du kannst nicht religiös sein. Du glaubst an etwas, aber du weißt nichts. Du glaubst an Theorien. Ein Mensch, der allzu beladen ist mit Theorien, wird ernsthaft. Ein Mensch, der unbeschwert ist, der keine Theorienlast über sich hängen hat, fängt an zu lachen.

Das ganze Spiel der Existenz ist so schön, daß nur Lachen die Antwort darauf sein kann. Lachen kann das einzig wirkliche Gebet sein, der einzig wirkliche Dank.

★

In Japan wird einer der ganz großen Mystiker, Hotei, „der lachende Buddha" genannt. Er ist einer der meistgeliebten Mystiker in Japan, und er hat nie ein einziges Wort gesprochen. Als er erleuchtet wurde, brach er in ein Gelächter aus, und jedesmal, wenn jemand ihn fragte: „Warum lachst du?", lachte er noch mehr. Und er zog nur immer von Dorf zu Dorf und lachte.

Dann strömte eine Menge zusammen, und er lachte. Und allmählich – sein Lachen war sehr ansteckend – fing jemand in der Menge zu lachen an, und dann jemand anders, und schließlich die ganze Menge, weil... Ja, warum lachten sie eigentlich? Jeder wußte doch: „Es ist lächerlich; dieser Mann ist merkwürdig – aber warum lachen wir alle?" Aber es lachte eben alles, und alle waren ein wenig besorgt: „Was werden die Leute sagen? Es gibt doch keinen Grund zum Lachen." Aber die Leute warteten geradezu auf Hotei, weil sie nie im Leben mit einer solchen Totalität gelacht hatten, mit einer solchen Intensität, und weil sie entdeckt hatten, daß nach dem Gelächter jeder einzelne ihrer Sinne klarer geworden war. Die Augen sahen besser, ihr ganzes Wesen war so leicht geworden, als wäre eine schwere Last von ihnen gewichen.

Dann baten die Leute Hotei: „Komm bitte wieder", und so zog er lachend weiter ins nächste Dorf. Sein ganzes Leben nach seiner Erleuchtung, etwa fünfundvierzig Jahre lang, tat er nur eines, und das war Lachen. Das war seine Botschaft, sein Evangelium, seine heilige Schrift. Und es muß festgehalten werden, daß in Japan niemand mit solch einer Hochachtung bedacht wird wie Hotei. In jedem Haus werdet ihr Statuen Hoteis finden. Dabei hatte er nichts weiter getan als gelacht. Aber das Lachen kam aus einer solchen Tiefe, daß es jedem in Erinnerung blieb, der es einmal gehört hatte – so sehr hatte es sein Innerstes getroffen, eine Synchronizität hergestellt.

Hotei ist einzigartig. Auf der ganzen Welt gibt es keine andere Menschenseele, die so viele Menschen zum Lachen gebracht hat – ohne jeden Grund. Und doch fühlte sich jeder durch das Lachen gereinigt, fühlte ein Wohlbefinden wie nie zuvor.

Etwas aus unergründlichen Tiefen brachte plötzlich bestimmte Erinnerungen in den Herzen der Menschen zum Klingen...

★

Dieser Hotei ist ungeheuer bedeutsam. Selten ist ein Mensch wie Hotei auf Erden gewandelt. Es ist ein Unglück, es sollte mehr Menschen wie Hotei geben. Es sollten mehr Tempel voller Gelächter sein, voller Tanzen und Singen. Wenn der Ernst verlorengeht, geht nichts verloren – ja, man wird gesünder und heiler. Aber wenn das Lachen verlorengeht, ist alles verloren. Plötzlich verliert ihr die Festlichkeit eures Daseins, werdet ihr farblos, eintönig, in gewisser Weise tot. Dann fließt eure Energie nicht mehr.

Aber es ist schwer, Hotei zu verstehen. Um ihn verstehen zu können, muß man in der gleichen fröhlichen Stimmung sein. Wenn du allzu beladen bist mit Theorien, Begriffen, Systemen, Ideologien, Theologien, Philosophien, dann wirst du nicht erkennen können, was dieser Hotei ist, worin seine Bedeutung liegt – denn er wird lachen, wenn er dich sieht. Er wird lachen, weil er einfach nicht glauben kann, daß ein Mensch so närrisch und lächerlich sein kann – so als würde einer nur von einem Kochbuch leben und hätte vergessen, sich Essen zu kochen. Er studiert nur fleißig Bücher über das Essen, und wie man es zubereitet, und wie man es nicht zubereitet, und argumentiert hin und her – und die ganze Zeit über ist er hungrig, verhungert allmählich, und hat völlig vergessen, daß man von Büchern nicht leben kann. Genau das ist passiert: die Menschen haben völlig vergessen, daß Religion ge*lebt* werden muß. Sie ist etwas, das assimiliert werden muß. Sie ist etwas, das dir im Blut kreisen muß, dir in Mark und Bein übergehen muß. Du kannst nicht einfach nur darüber nachdenken. Du mußt es dir einverleiben!

Aber jedesmal, wenn eine Wahrheit, ein Lichtstrahl geboren wird, versammeln sich alle Gelehrten – Intellektuelle, Professoren, Philosophen, Theoretiker – und springen auf die Wahrheit drauf und zertrampeln sie. Dann kneten sie tote Theorien und heilige Schriften daraus. Was einst lebendig war, wird etwas Papiernes. Die wirkliche Rose verschwindet.

Ich wohnte einmal im Hause eines christlichen Freundes. Ich begann, in seiner Bibel zu blättern – da war eine Rose. Er muß die Rose in der Bibel verwahrt haben… viele Jahre alt, trocken, tot, erdrückt zwischen den Seiten der Bibel. Ich fing an zu lachen. Er kam aus dem Bad gerannt und fragte: „Was ist, warum lachst du? Was ist passiert?"

Ich sagte: „Mit dieser Rose ist das gleiche passiert, was mit der Wahrheit passiert ist. Zwischen den Seiten deiner Bibel ist die Rose gestorben. Jetzt ist sie nur noch eine Erinnerung an etwas, das einmal lebendig war, nur ein Andenken, aller Duft verflogen, alle Lebendigkeit verflogen. Sie ist so tot wie eine Plastikblume oder eine Papierblume. Sie hat eine Geschichte, aber sie hat keine Zukunft. Sie hat eine Vergangenheit, aber sie hat keine Zukunft. Und das gleiche ist mit der Wahrheit passiert: auf den Seiten der Heiligen Schrift ist sie gestorben."

Wenn die Wahrheit kommt, kommt sie a-verbal, ist sie schweigend. Sie ist so tief, daß sie sich nicht in Worten ausdrücken läßt. Dann werden früher oder später Leute kommen, die sie in Worte kleiden, die sie systematisieren. Und gerade bei dieser Systematisierung wird sie getötet.

Hotei lebte ein völlig anderes Leben als ein gewöhnlicher religiöser Mann. Sein ganzes Leben war nichts als ein ununterbrochenes Lachen. Es heißt von Hotei, daß er selbst im Schlaf manchmal zu lachen begann. Er hatte einen riesigen Bauch, und der Bauch wackelte. Die Menschen fragten ihn dann: „Warum lachst du nur, und dazu noch im Schlaf?“ Das Lachen war ihm so natürlich, daß ihn alles und jedes zum Lachen brachte. Dann wird das ganze Leben, ob wachend oder im Schlaf, zur Komödie.

Ihr dagegen habt aus dem Leben eine Tragödie gemacht. Ihr habt einen tragischen Kuddelmuddel aus eurem Leben gemacht. Selbst wenn ihr lacht, lacht ihr nicht. Selbst wenn ihr vorgebt zu lachen, ist das Lachen nur gezwungen, manipuliert, aufgesetzt. Es kommt euch nicht aus dem Herzen, schon gar nicht aus dem Bauch. Es ist nicht etwas, das aus eurer Mitte kommt, sondern nur etwas, das oben aufgemalt ist. Ihr lacht aus Gründen, die nichts mit Lachen zu tun haben.

Ich habe gehört…

In einem kleinen Büro erzählt der Chef gerade mal wieder seine alte, ewig wiedergekäute Anekdote. Und alle lachen… man muß schließlich lachen! Sie finden es alle todlangweilig, aber der Chef ist nunmal der Chef. Und wenn der Chef einen Witz erzählt, hat man zu lachen, das ist Pflicht. Nur eine Tippse lacht nicht, sitzt steif da und zieht ein ernstes Gesicht. Der Chef sagt: „Was ist mit Ihnen los? Warum lachen Sie nicht?“ Sie sagt: „Ich gehe am Monatsende.“ Also ist es nicht mehr nötig… Die Leute haben ihre Gründe. Selbst das Lachen ist Geschäft, selbst Lachen ist Ware, ist Politik. Selbst Lachen ist nicht einfach Lachen. Alle Unschuld ist verloren. Ihr könnt nichtmal auf eine unschuldige Weise lachen, ihr verliert eure Unberührtheit, eure Reinheit, eure Unschuld.

Beobachtet ein kleines Kind, beobachtet sein Lachen – so tief, daß es mitten aus dem Zentrum kommt. Wenn ein Kind geboren wird, ist der erste gesellschaftliche Akt, den das Kind erlernt – oder vielleicht ist es nicht richtig zu sagen „erlernt“, weil es das schon mitbringt – daß es lacht. Sein *erster* sozialer Akt! Indem es lächelt, wird es Teil der Gesellschaft. Es scheint sehr natürlich, spontan. Andere Dinge kommen erst später – aber wenn es lächelt, ist das sein erster Funke der Teilnahme an der Welt. Wenn eine Mutter ihr Kind lächeln sieht, wird sie unglaublich froh, weil dieses Lächeln Gesundheit zeigt, Intelligenz zeigt, weil dieses Lächeln zeigt, daß das Kind nicht dumm, nicht zurückgeblieben ist. Dieses Lächeln zeigt, daß das Kind leben wird, glücklich sein wird. Die Mutter ist einfach hingerissen.

Lächeln ist die erste gesellschaftliche Handlung – und sollte auch die gesellschaftliche Grundhandlung bleiben. Man sollte sein ganzes Leben lang weiterlachen. Wenn du in allen möglichen Situationen lachen kannst, wirst du sehr fähig werden, dich ihnen zu stellen – und dieses Dich-Stellen wird dich zur Reife bringen. Ich sage damit nicht, daß du nicht weinen sollst; sondern beides geht zusammen, beides gehört zum gleichen Phänomen, nämlich wahr und authentisch zu sein.

Es gibt Millionen von Menschen, deren Tränen vertrocknet sind; ihre Augen haben ihren Glanz, ihre Tiefe verloren; ihre Augen haben ihr Wasser verloren. Denn sie können nicht weinen, sie können keine Tränen vergießen, sie fließen nicht natürlich. Wenn das Lachen beschnitten ist, sind auch die Tränen beschnitten. Nur jemand, der gut lachen kann, kann gut weinen. Und wenn du gut weinen und lachen kannst, bist du lebendig.

Der tote Mensch kann nicht lachen und kann nicht weinen. Der tote Mensch kann traurig sein. Seht selbst: schaut euch eine Leiche an – der tote Mensch hat mehr Geschick im Ernstsein als ihr. Nur ein lebendiger Mensch kann lachen und weinen und Tränen vergießen. Dies sind die Stimmungen eures Inneren. Dies sind die Wetterlagen – bereichernd. Aber nach und nach vergißt jeder. Was anfangs natürlich war, wird unnatürlich. Ihr braucht jemanden, der euch zum Lachen reizt, zum Lachen kitzelt – sonst lacht ihr ja nicht. Das ist der Grund, warum es so viele Witze gibt auf der Welt.

Vielleicht habt ihr es noch nie bemerkt, aber die Juden haben die besten Witze auf der Welt. Und der Grund dafür ist, daß sie in tieferem Elend gelebt haben als irgendeine andere Rasse. Sie *mußten* Witze erfinden, sonst wären sie schon längst tot. Sie haben so viel Elend durchgemacht, sie sind über die Jahrhunderte hin so viel gefoltert worden, sie sind zermalmt und gemetzelt worden – sie mußten einfach einen Sinn für das Komische entwikkeln. Das war ein rettender Trick. Darum haben sie die schönsten Witze, die spaßigsten, die tiefsten Witze.

Was ich euch zu zeigen versuche, ist dies: wir lachen nur, wenn es einen Grund gibt, der uns zum Lachen zwingt. Es wird ein Witz erzählt, und ihr lacht – weil ein Witz eine gewisse Unterhaltung in euch erzeugt. Der ganze Mechanismus eines Witzes ist der, daß die Story in die eine Richtung geht und plötzlich einen Haken schlägt. Der Haken kommt so plötzlich, so drastisch, daß ihr nie drauf gekommen wärt. Die Aufregung wächst, und ihr wartet auf die Pointe. Und plötzlich kommt nicht etwa das, womit ihr gerechnet habt, sondern etwas absolut anderes, etwas völlig Absurdes und Lächerliches, das nie mit euren Erwartungen übereinstimmt. Ein Witz ist niemals logisch. Wenn ein Witz logisch wäre, würde er alles Lachhafte, jede Eigenschaft des Lachens einbüßen, denn sonst könntet ihr ja sehen, was kommt. Sonst würdet ihr, wenn der Witz zuende erzählt ist, schon längst bei der Pointe sein, weil es dann ein Syllogismus wäre, weil es einfaches Kopfrechnen wäre. Aber dann gäbe es auch kein Lachen. Ein Witz schlägt einen plötzlichen Haken, so plötzlich, daß du fast unmöglich von selbst draufgekommen wärst, drauf geschlossen hättest. Er macht einen Satz, einen Sprung, einen Quantensprung – und gerade darum setzt er so viel Lachen frei. Ein Witz ist eine subtiles psychologisches Mittel, dich zu kitzeln.

Ich muß euch Witze erzählen, weil ich befürchte, daß ihr allesamt religiöse Leute seid. Ihr neigt dazu, ernsthaft zu sein. Ich muß euch manchmal kitzeln, damit ihr manchmal eure Religiosität vergeßt, damit ihr all eure Philosophien vergeßt, eure Theorien, Systeme, und wieder auf den Teppich kommt. Ich muß euch immer wieder auf den Boden herunterholen, sonst neigt ihr dazu, ernsthaft zu werden, immer ernster zu werden. Und Ernsthaftigkeit ist ein Krebsgeschwür.

Ihr könnt viel von Hotei lernen.

Lachen bringt Stärke. Heute sagt sogar die Schulmedizin, daß Lachen eine der wirksamsten Arzneien ist, mit denen die Natur den Menschen ausgestattet hat. Wenn du lachen kannst, wenn du krank bist, wirst du deine Gesundheit schneller wiederfinden. Wenn du selbst dann nicht lachen kannst, wenn du gesund bist, wirst du früher oder später deine Gesundheit verlieren und krank werden.

Lachen holt Energie aus deinem Zentrum in die Außenbereiche. Die Energie fängt zu strömen an, folgt dem Lachen wie ein Schatten. Habt ihr das schon beobachtet? Wenn ihr wirklich lacht, seid ihr während dieser wenigen Augenblicke in einem tiefen meditativen Zustand. Das Denken steht still. Es ist unmöglich, gleichzeitig zu lachen und zu denken. Das sind diametrale Gegensätze: entweder kannst du lachen oder du kannst denken. Wenn du wirklich lachst, bleibt das Denken stehen. Wenn du immer noch denkst, wird das Lachen nur so la-la sein, nur lauwarm, hinkend. Es wird ein verkrüppeltes Lachen sein.

Wenn du wirklich lachst, verschwindet der Verstand plötzlich. Und die ganze Methodenlehre des Zen dreht sich darum, wie man in den Nicht-Verstand kommt. Das Lachen ist eine der schönsten Türen, die da hineinführen.

Soweit ich weiß, sind Tanzen und Lachen die besten, natürlichsten, am leichtesten zu öffnenden Türen. Wenn du wirklich tanzt, bleibt das Denken stehen. Du tanzt und tanzt, du drehst dich und drehst dich, und du wirst zum Wirbelwind – alle Grenzen, alle

Trennlinien verschwinden. Du weißt nichtmal mehr, wo dein Körper endet und die Außenwelt anfängt. Du verschmilzt mit der Existenz, und die Existenz verschmilzt mit dir. Die Grenzen überschneiden sich. Und wenn du wirklich tanzt – ohne es zu forcieren, sondern einfach indem du Besitz von dir ergreifen läßt – wenn du besessen vom Tanz bist, steht das Denken still. Und wenn du ein paar Momente des Nicht-Denkens erlebt hast, werden dir diese Lichtblitze noch viele kommende Belohnungen ankündigen. Du brauchst einfach nur immer mehr von der Art, der Eigenschaft des Nicht-Denkens anzunehmen. Immer mehr Denken muß fallengelassen werden.

Lachen kann eine wunderbare Einführung in einen nicht-denkenden Zustand sein.

Es heißt, daß dieser Hotei nicht das geringste Verlangen hatte, sich selbst einen Zen-Meister zu nennen oder Schüler um sich zu scharen. Stattdessen lief er mit einem Sack auf dem Rücken durch die Straßen, voller Süßigkeiten, Früchten und Kringeln, die er an die Kinder verteilte, die sich um ihn drängten und um ihn herum spielten.

Nun, manchmal waren diese Kinder wirkliche Kinder, und manchmal waren diese Kinder junge Leute, und manchmal waren diese Kinder alte Leute – ihr dürft euch also von dem Ausdruck „Kinder“ nicht in die Irre führen lassen. Alte Menschen, manchmal älter als Hotei selbst – auch sie waren Kinder für Hotei. Ja, um mit Hotei Kontakt aufzunehmen, mußte man ein Kind sein, unschuldig. Und dann verteilte er immer Sachen: Spielzeug, Bonbons, Kuchen. Damit bringt er symbolisch etwas zum Ausdruck – nämlich daß ein religiöser Mensch dir die Botschaft bringt, das Leben nicht allzu ernst zu nehmen – es ist nichts als ein kleines Bonbon. Koste es, aber laß dich nicht davon in Beschlag nehmen. Es hat keinen Nährwert. Es hat keine Wahrheit. Du kannst nicht davon leben.

Ihr habt vielleicht das Jesuswort gehört: „Der Mensch lebt nicht von Brot allein." Kann der Mensch von Süßigkeiten allein leben? Brot hat wenigstens ein bißchen Nährwert, ein Bonbon hat keinen. Schmeckt gut, aber kann auf die Dauer schädlich sein...

Ob an Kinder oder Alte – für ihn war immer jeder ein Kind –, teilte er Spielzeug aus. Sehr symbolisch. Es läßt sich kein besseres Mittel finden, um zu sagen, daß das Leben nur ein Spielding ist. Und daß *das* Leben, das *ihr* für das Leben haltet, nichts Wahres ist – es ist nur etwas Unechtes, ein Traum, momenthaft. Klammert euch nicht daran.

Wenn du ein meditativer Mensch bist, dann gibst du, dann teilst du – dann hortest du nicht, dann bist du nicht geizig. Dann ergreifst du nicht Besitz. Wie kannst du in dieser Welt etwas besitzen? Du warst nicht hier und die Welt war hier, du wirst nicht hier sein und die Welt wird hier sein. Wie kannst du besitzen? Wie kannst du den Anspruch erheben: „Ich bin der Besitzer!"? Wie kannst du irgendetwas besitzen? Und wenn du meditativ bist, wird dein ganzes Leben ein Austeilen werden, wirst du geben, was immer du geben kannst – deine Liebe, dein Verständnis, dein Mitgefühl – was immer du kannst, wirst du geben – Energie, Körper, Geist, Seele, was auch immer. Und du wirst deine Freude dran haben. Es gibt keinen größeren Genuß, als etwas mit anderen zu teilen. Habt ihr schon einmal jemandem etwas gegeben? Darum macht das Schenken den Menschen soviel Freude. Es ist ein reines Vergnügen. Wenn du jemandem etwas gibst, wertlos vielleicht, nicht sehr teuer vielleicht, dann macht schon die Art, die bloße Geste, daß du etwas verschenkst, ungeheuer zufrieden. Stell dir nur einen Menschen vor, dessen ganzes Leben ein Geschenk ist, dessen kleinste Bewegung ein Sich-Geben ist... er lebt im Himmel. Es gibt keinen anderen Himmel als diesen. Das war Hoteis ganzes Predigen: Gebt! Schenkt! Was gibt es sonst zu sagen? Was gibt es sonst zu lehren?

Zen glaubt, daß die Wahrheit sich nicht in Worten ausdrücken läßt, aber in Gesten, im Ausagieren. Es läßt sich etwas *tun.* Du kannst es nicht sagen, aber du kannst es *zeigen.*

Sei losgelöst, aber sei da. Denn woanders kannst du nicht sein. Diese Welt ist die einzige, es gibt keine andere Welt. Eure Mönche also, die in den Tempeln und Klöstern herumsitzen, in den Höhlen des Himalajas, sind bloße Eskapisten. Haltet Abstand – aber weglaufen braucht ihr nicht. Haltet Abstand und seid dennoch hier. Seid *in* der Welt, aber seid nicht *von* der Welt. Bleibt unter Menschen – und bleibt für euch. Macht tausend Dinge, macht, was gemacht werden muß, aber seid keine Macher. Setzt kein Ego an – das ist alles.

Es ist nichts verkehrt daran, weltlich zu sein. *Sei* weltlich, und bleib dennoch unweltlich – darin besteht die ganze Kunst, die Kunst, zwischen zwei Gegensätzen zu leben, zwischen zwei Extremen das Gleichgewicht zu finden. Es ist ein sehr schmaler Weg, wie auf Messer's Schneide – aber das ist der einzige Weg. Wenn du dieses Gleichgewicht verfehlst, verfehlst du die Wahrheit.

Bleib hier und jetzt in dieser Welt, und setz deinen Weg fort, und geh ihn mit einem tiefen Lachen in deinem Innersten. Tanz deinen Weg zu Gott! Singe deinen Weg zu Gott!

DER EINZIGE SÄNGER DER LIEBE UND DES LACHENS

Bhagwan,
in einer von Haß und Feindseligkeit, Traurigkeit und Sorge heimgesuchten Welt scheinst du der einzige Sänger der Liebe und des Lachens zu sein.
Ist das nicht lachhaft?

Allerdings.

Es ist lachhaft, aber irgendwer muß ja anfangen.

Wir wollen, daß die Welt weniger ernst und mehr sensibel wird – wohl aufrichtig, aber niemals ernst.

Wir wollen, daß die Welt erfährt, daß der Sinn für Humor eine der wesentlichsten Eigenschaften eines religiösen Menschen ist.

Wenn du nicht lachen kannst, werden dir viele Dinge im Leben entgehen, werden dir viele Mysterien entgehen.

Dein Lachen macht dich zum kleinen, unschuldigen Kind, dein Lachen verbindet dich mit der Existenz – mit dem tosenden Meer, mit den Sternen und ihrer Stille.

Dein Lachen läßt dich dem einzigen Teil der Existenz angehören, der intelligent geworden ist, denn nur intelligente Menschen können lachen. Deshalb können die Tiere es sich nicht leisten zu lachen – sie haben nicht genug Intelligenz.

Und weil immer gelehrt worden ist, daß der Ernst für die Ehrbarkeit nahezu unerläßlich ist, sind alle ernst geworden. Es ist nicht so, daß sie aus irgendwelchen Gründen ernst wären, nur ist es ihnen jetzt zur zweiten Natur geworden. Sie haben völlig vergessen, daß Ernsthaftigkeit eine Krankheit ist, die anzeigt, daß der Sinn für Humor in euch abgetötet worden ist. Denn sonst… das ganze Leben um euch herum ist so voller lachhafter Dinge! Wenn du einen Sinn für Humor besitzt, wirst du überrascht merken, daß du gar keine Zeit hast, um traurig zu sein. Jeden Augenblick passiert irgendwo irgendwas.

Meine Mission ist es ganz gewiß, der gesamten Menschheit das Lachen zu bringen – sie hat es vergessen. Und wenn ihr das Lachen vergeßt, vergeßt ihr immer auch den Gesang, vergeßt ihr die Liebe, vergeßt ihr das Tanzen – es bleibt nicht dabei, daß ihr nur das Lachen vergeßt.

Das Lachen hat seine eigene Zusammensetzung von Eigenschaften, genau wie der Ernst seine eigene Zusammensetzung von Eigenschaften hat. Vergeßt das Lachen, und ihr werdet die Liebe vergessen.

Wie wollt ihr mit trauriger Miene zu einer Frau sagen: „Ich liebe dich"? Ein bißchen wirst du schon lächeln müssen.

Mit ernster Miene kannst du nicht mal „Piep" sagen.

Die Leute nehmen alles so ernst, daß es ihnen zur Last wird.

Lernt, mehr zu lachen.

Mir ist das Lachen so heilig wie das Beten.

BULLE ODER OCHSE?

Zu den grausamsten Dingen, die man dem Menschen antut, gehört, daß man ihn traurig und ernsthaft macht. Das muß man, denn wenn man den Menschen nicht traurig und ernsthaft macht, könnte man nie einen Sklaven aus ihm machen – einen Sklaven in allen Bereichen der Sklaverei: spirituell zum Sklaven eines fiktiven Gottes, einer fiktiven Hölle, eines fiktiven Himmels; psychologisch zum Sklaven, weil Traurigkeit und Ernsthaftigkeit nicht natürlich sind… dem Geist muß erst Zwang angetan werden, dann erst geht er in Scherben, wird er zertrümmert… und auch physisch zum Sklaven, weil ein Mensch, der nicht lachen kann, nicht wirklich gesund und heil sein kann.

Lachen ist nicht eindimensional; in ihm verbinden sich alle drei Dimensionen des menschlichen Wesens: wenn du lachst, ist dein Körper beteiligt, ist dein Geist beteiligt, ist dein Sein beteiligt. Im Lachen verschwinden die Grenzen, die Trennlinien, verschwindet die schizophrene Persönlichkeit.

Aber alle, die den Menschen ausbeuten wollten, störte das Lachen – die Könige, die Priester, die gerissenen Politiker. Ihr ganzes Streben war irgendwie darauf aus, den Menschen schwächer zu machen, krank zu machen: Mache den Menschen unglücklich, und er wird sich niemals auflehnen.

Dem Menschen sein Lachen zu rauben heißt, ihm sein eigentliches Leben zu rauben.

Dem Menschen das Lachen zu rauben, ist spirituelle Kastration.

Habt ihr schon einmal den Unterschied beobachtet zwischen Bullen und Ochsen?

Sie wurden gleichberechtigt geboren, aber die Ochsen wurden kastriert. Und solange sie nicht kastriert sind, könnt ihr sie nicht als Sklaven benutzen, die euch die Lasten schleppen, die euch die

Karren ziehen. Ihr könnt keine Bullen vor eure Karren spannen – der Bulle ist zu kräftig, es ist unmöglich, ihn unter Kontrolle zu halten. Er hat seinen eigenen Willen. Aber der Ochse ist nur noch ein schwaches Echo der wahren Sache, ein bloßer Schatten. Ihr habt ihn zerstört.

Um Sklaven zu bekommen, hat man den Menschen auf gleiche Weise vernichtet. Das Lachen ist immer als kindisch verdammt worden, als „nicht-ganz-bei-Trost". Man darf höchstens lächeln. Der Unterschied zwischen einem Lächeln und einem Lachen ist der gleiche wie der zwischen dem Ochsen und dem Bullen.

Lachen ist total. Lächeln ist nur Lippengymnastik, Lächeln ist nur eine Manier. Lachen weiß von keiner Manier, von keiner Etikette – es ist wild, und in seiner Wildheit liegt seine ganze Schönheit.

Aber die eingefleischten Machtinteressen – ob es das Kapital ist oder die Kirche oder die Regierenden – waren sich immer darin einig, daß der Mensch geschwächt werden muß, unglücklich und ängstlich gemacht werden muß, gezwungen werden muß, in einer Art Paranoia zu leben. Nur dann wird er niederknien vor hölzernen oder steinernen Götzen. Nur dann wird er bereit sein, jedem zu dienen, der mächtig ist.

Lachen bringt euch wieder in eure Energie. Jede Faser eures Wesens wird lebendig, und jede Zelle eures Wesens fängt zu tanzen an.

Die größte Sünde wider den Menschen, die je auf Erden begangen wurde, ist die, daß er am Lachen gehindert wurde.

Das hat tiefgehende Auswirkungen. Denn wenn du am Lachen gehindert wirst, wirst du mit Sicherheit daran gehindert, fröhlich zu sein, wirst du gehindert, ein festliches Lied zu singen, wirst du gehindert, vor lauter Seligkeit zu tanzen. Indem das Lachen verhindert wird, wird alles zerstört, was schön ist im Leben, alles, was das Leben lebens- und liebenswert macht, alles, was dem

Leben Sinn verleiht. Es ist die abscheulichste Strategie, die je gegen den Menschen eingesetzt wurde.

Ernst ist Sünde. Und denkt daran: Ernst ist nicht Aufrichtigkeit. Aufrichtigkeit ist ein völlig anderes Phänomen. Ein ernster Mensch kann nicht lachen, kann nicht tanzen, kann nicht spielen. Er kontrolliert sich ständig. Man hat ihn auf eine Art und Weise erzogen, daß er sein eigener Gefängniswärter geworden ist. Der aufrichtige Mensch kann aufrichtig lachen, kann aufrichtig tanzen, kann aufrichtig jubeln. Aufrichtigkeit hat nichts mit Ernsthaftigkeit zu tun.

Ernsthaftigkeit ist nur eine Krankheit der Seele, und nur kranke Seelen lassen sich zu Sklaven machen. Und all die eingefleischten Machtinteressen brauchen eine Menschheit, die sich nicht auflehnt, die sehr willig ist, ja, die geradezu darum bettelt, Sklave zu sein.

Tatsächlich findet man nur Kinder kichern und lachen; und die Erwachsenen halten das für verzeihlich, weil die Kinder so unwissend sind. Sie sind vorläufig noch unzivilisiert, noch primitiv. Die Eltern, die Gesellschaft, die Lehrer, die Priester haben nur eine einzige Sorge: wie man sie zivilisiert, wie man sie ernst macht, wie man sie dahin bringt, sich wie Sklaven zu benehmen und nicht wie unabhängige Individuen.

Du sollst keine eigene Meinung haben. Du sollst nur Christ sein oder Hindu oder Moslem. Du sollst Kommunist sein oder Faschist oder Sozialist. Du sollst nicht deine eigene Meinung haben. Du sollst nicht du selbst sein. Du sollst Teil der Masse sein – und Teil einer Masse zu sein heißt nichts anderes, als ein Rad im Getriebe zu werden. Du hast Selbstmord begangen.

In der Gesellschaft wird der Mensch, der total lacht – dröhnend lacht – nicht geachtet. Man hat ernst dreinzuschauen! Das zeigt, daß man zivilisiert und bei Sinnen ist. Lachen ist etwas für Kinder und die, die von Sinnen sind, oder etwas für Primitive.

Geht in eine x-beliebige Kirche und seht euch Jesus am Kreuz an. Natürlich ist er ernst. Und sein Ernst erfüllt die ganze Kirche. Dort zu lachen, scheint nicht am rechten Platz zu sein. Und wer hätte schon gehört, daß Gott je gelacht hätte?

Kinder können lachen, weil sie nichts erwarten. Weil sie nichts erwarten, können ihre Augen die Dinge klarer sehen – und die Welt ist so voller Absurdität und Lächerlichkeit. Es gibt so viele Ausrutscher auf Bananenschalen, daß ein Kind das unmöglich übersehen kann. Was uns wie Vorhänge vor den Augen hängt, sind unsere Erwartungen.

Weil alle Religionen gegen das Leben sind, können sie nicht für das Lachen sein. Lachen ist ein wesentlicher Teil des Lebens und der Liebe. Die Religionen sind gegen das Leben, gegen die Liebe, gegen das Lachen, gegen die Freude; sie sind gegen alles, was das Leben zu einer gewaltigen Erfahrung voller Segnungen machen kann.

Aufgrund ihrer Anti-Lebenseinstellung haben sie die ganze Menschheit zerstört. Sie haben den Menschen alles fortgenommen, was Saft und Kraft hat. Und ihre Heiligen sind die Vorbilder geworden, denen jeder andere zu folgen hat. Ihre Heiligen sind einfach nur trockene Knochen – sie fasten und foltern sich selber, auf immer neue Weise, finden immer neue Mittelchen, wie sie ihren Leib foltern können. Je mehr sie sich gefoltert haben, desto höher sind sie im Ansehen gestiegen. Sie haben eine Leiter gefunden, einen Weg, wie man immer angesehener wird: du brauchst dich nur zu foltern, und die Menschen werden dich anbeten und jahrhundertelang deiner gedenken.

Selbstfolter ist eine psychologische Krankheit. Sie hat nichts, was angebetet gehört, sondern ist langsamer Selbstmord. Aber wir haben diesen langsamen Selbstmord jahrhundertelang unterstützt, weil sich in unseren Hirnen der Gedanke festgesetzt hat, Körper und Seele seien Feinde. Je mehr du den Körper quälst, desto spiritueller scheinst du. Je mehr du dem Körper Vergnügen gönnst, Genuß, Liebe, Lachen, desto weniger spirituell scheinst du zu sein. Diese Dichotomie ist der Hauptgrund, warum das Lachen aus dem Menschen verschwunden ist.

Ich habe Bilder von europäischen Kirchen im Mittelalter gesehen… und die Funktion des Priesters war es, den Menschen Angst einzujagen vor Höllenfeuer und allerlei Qualen, die sie dort zu erleiden hätten. Ihre Beschreibungen waren so lebendig, daß viele Frauen in Ohnmacht zu fallen pflegten – in den Kirchen! Als der größte Prediger galt derjenige, der am meisten Menschen ohnmächtig machte – das war der Maßstab, um festzustellen, wer der größte Prediger war…

Die ganze Religion basiert auf einer einfachen Psychologie: Angst, aufgebläht im Namen der Hölle, und Gier, aufgebläht im Namen des Himmels. Wer sich auf Erden vergügen will, wird zur Hölle fahren… natürlich bekommt der Mensch dann Angst: nur wegen kleiner Genüsse, nur wegen der siebzig Jahre, die er zu leben hat, muß er in Ewigkeit in der Hölle leiden.

Das war einer der Gründe, warum Bertrand Russell dem Christentum den Rücken kehrte und ein Buch schrieb mit dem Titel: „Warum ich kein Christ bin". Er sagte: „Was zuallererst meine Entscheidung auslöste, war die absolut ungerechtfertigte Vorstellung, daß ich für alle Sünden, die ich begangen habe, in Ewigkeit bestraft werden sollte." Er sagte: „Wenn ich alle Sünden zähle, die ich der Bibel nach begangen habe, und wenn ich auch noch die Sünden mitzähle, die ich nur geträumt habe, ohne sie je begangen zu haben, könnte mich der strengste Richter nicht für länger als viereinhalb Jahre ins Gefängnis stecken. Aber für diese kleinen Sünden würde ich nie in Ewigkeit leiden. Was ist das für eine Gerechtigkeit? Es scheint kein Verhältnis zu geben zwischen der Schuld und der Sühne."

Und dann fing er an, einen prüfenden Blick auf die christliche

Theologie zu werfen. Er war erstaunt, so viele Dinge zu finden, die absurd und lächerlich waren, daß er fand, wer Christ bliebe, beweise nur Feigheit. Er sagte sich vom Christentum los und schrieb dieses ungeheuer wichtige Buch „Warum ich kein Christ bin".

Das ist jetzt fast sechzig oder siebzig Jahre her, und noch kein christlicher Theologe hat auf dieses Buch geantwortet. Ja, es gibt auch gar keine Antwort – welche Rechtfertigung gäbe es denn? Die Päpste und die großen christlichen Theologen in aller Welt haben es vorgezogen zu schweigen.

Sie haben Bertrand Russell verdammt und gesagt, daß er zur Hölle fahren wird. Aber das ist kein Argument. Wenn es wirklich eine Hölle und einen Himmel gäbe, wäre die Hölle ein sehr viel gesünderer Ort als der Himmel – denn im Himmel werdet ihr all die trockenen Knochen, lauter häßliche Gestalten, auch Heilige genannt, damit beschäftigt finden, sich zu quälen. Der Ort ist keinen Besuch wert.

In der Hölle werdet ihr all die Dichter, all die Maler, all die Bildhauer, all die Mystiker finden, all die Leute, deren Gesellschaft ein Segen sein wird. Dort werdet ihr Sokrates finden, und ihr werdet Gautam Buddha dort finden – die Hindus haben ihn in die Hölle geworfen, weil er nicht an die Veden geglaubt hat, auf denen die ganze Hindu-Religion basiert. Ihr werdet dort Mahavir finden, weil er nicht an das hinduistische Kastensystem geglaubt hat – er hat es verurteilt. Ihr werdet Bodhidharma dort finden, Chuangtse, Laotse. Ihr werdet alle Großen dort finden, die etwas zum Leben beigesteuert haben – all die großen Wissenschaftler und Künstler, die diese Erde ein wenig schöner gestaltet haben.

Was haben eure Heiligen beigesteuert? Sie sind die überflüssigsten Leute überhaupt, die unfruchtbarsten. Sie waren nur eine Last, und sie waren Parasiten. Sie haben das Blut armer Menschen ausgesogen. Sie haben sich gequält und andere Menschen gelehrt, sich auch zu quälen. Sie haben psychologische Krankheiten verbreitet.

Wenn diese Erde so krank aussieht, wenn die Menschheit so traurig aussieht, ist das allein euren Heiligen zu verdanken. Im Himmel werdet ihr all diesen scheußlichen Gestalten begegnen, all diesen Verdammern, die nicht zu lieben verstehen, die nicht zu lachen verstehen, die nicht zu singen verstehen, die nicht zu tanzen verstehen – die der Menschheit kein Vergnügen gönnen können, wie klein es auch sei. Schmerz ist anscheinend hochgeistlich, und Genuß scheint materialistisch zu sein.

Nun, die moderne Psychiatrie weiß nur allzu gut, daß diese Heiligen schizophren waren. Sie brauchen nicht angebetet zu werden. Wenn ihr sie irgendwo findet, schleppt sie sofort in eine psychiatrische Anstalt – sie brauchen Behandlung. Sie sind nicht gesund. Ihre bloße Existenz ist ekelerregend. Aber sie waren die Führer der Menschheit, und sie haben der gesamten Menschheit eine Art Ekel eingeflößt. Sie haben eine Atmosphäre des Ekels verbreitet.

Der Tag, an dem der Mensch zu lachen vergißt, der Tag, an dem der Mensch vergißt, spielerisch zu sein, der Tag, an dem der Mensch zu tanzen vergißt, ist der Tag, an dem er aufhört, Mensch zu sein. Er ist zu einer untermenschlichen Spezies abgesunken. Spielerei macht ihn leicht. Liebe macht ihn leicht. Lachen gibt ihm Flügel. Wenn er vor Freude tanzt, kann er die fernsten Sterne berühren, kann er die tiefsten Geheimnisse des Lebens erfahren.

Dies sind die vier L's:
Leben, Liebe, Lachen – Licht.
Und sie passieren genau in dieser Reihenfolge.

Bhagwan Shree Rajneesh

QUELLENNACHWEIS

TEIL I – LEBEN

8 *The Hidden Splendor 15*, March 19, 1987, p.m. 1st question (excerpts)
11 *The Goose is Out*, pp. 234-236
16 *The Secret*, pp. 193-197
20 *Guida Spirituale*, pp. 138/9
23 *The Goose is Out*, pp. 248-254
29 *The Perfect Master*, pp. 120-123
33 *Yoga, The Alpha and the Omega, Vol. 4*, pp. 252-254
41 *Beyond Enlightenment*, pp. 650-662
54 *The Razor's Edge*, March 11, 1987, p.m. 1st question (excerpts)
60 Three texts: a. *You Ain't seen nothing yet*, p. 120
b. *Snap your Fingers, Slap your Face and Wake up*, pp. 6-8
c. *Tantra, the Supreme Understanding*, p. 200

TEIL II – LIEBEN

64 *Let Go!* pp. 151/2
65 *The Wisdom of the Sands*, pp. 211-214
69 *Zarathustra: A God that can Dance 9*, March 30, 1987 p.m.
74 *The Divine Melody*, pp. 220-229
82 *The Wisdom of the Sands, Vol. 1*, pp. 224-226
85 *Sufis: The People of the Path*, pp. 446-455
95 *The Hidden Splendour 23*, March 24, 1987, a.m.
102 *Don't Bite my Finger*, p. 122
103 *The Rajneesh Bible, Vol. 1*, pp. 236-259
109 *The Tantra Vision, Vol. 2*, pp. 36-46 (excerpts)
113 *Guida Spirituale*, pp. 320-327 (excerpts)

TEIL III – LACHEN

119 *Guida Spirituale*, p. 63-66
122 *The Book, An Introduction to the Teachings of Bhagwan Shree Rajneesh, Series II*, pp. 111-112
123 *A Sudden Clash of Thunder*, pp. 221-240 (excerpts)
Insertion from: *The Razor's Edge 27*, March 10, 1987, p.m.
134 *Sermons in Stones*, pp. 124-126
136 *The Laughing Prophet*, April 19, 1987, a.m.

ANHANG

EINIGE BIOGRAPHISCHE FAKTEN UND EREIGNISSE AUS DEM LEBEN VON BHAGWAN SHREE RAJNEESH

Die Kindheitsjahre

1931 Bhagwan Shree Rajneesh wurde am 11. Dezember 1931 in Kuchwada, Madhya Pradesh, Indien, geboren, als ältester Sohn eines Tuchhändlers, der der Jaina-Religion angehörte. Er verbrachte seine ersten sieben Jahre bei seinen Großeltern, die ihm die absolute Freiheit gaben, alles zu tun, was ihm Spaß machte und ihn in seinen frühen und intensiven Bemühungen, die Wahrheit über das Leben herauszufinden, nachdrücklich unterstützten.

1938 Nach dem Tod seines Großvaters zog er zu seinen Eltern nach Gadawara, einer Stadt von 20.000 Einwohnern. Seine Großmutter zog in die gleiche Stadt und blieb bis zu ihrem Tod im Jahre 1970 sein großzügigster Freund; auf dem Sterbebett erklärte sie sich zu einer Jüngerin ihres Enkels.

1946 Bhagwan erfuhr mit 14 Jahren sein erstes Satori. Mit den Jahren vertiefte er seine Experimente mit Meditation. Die Intensität seiner spirituellen Suche zog seine körperliche Gesundheit stark in Mitleidenschaft. Seine Eltern und Freunde fürchteten, daß er nicht lange leben werde.

Die Universitätsjahre

1953 Im Alter von 21 Jahren, am 21. März 1953, gelangte Bhagwan zur Erleuchtung, der höchsten Stufe menschlichen Bewußtseins. An diesem Punkt, sagt er, fand seine äußere Biographie ihr Ende. Seitdem lebt er in einem egolosen Zustand der Einheit mit den inneren Gesetzen des Lebens. Äußerlich setzte er seine Studien an der Universität von Jabalpur fort, wo er mit höchsten Auszeichnungen in Philosophie im Jahre 1956 sein Examen machte. Er war der gesamt-indische Champion im Debattieren und erhielt die Goldmedaille der Universität.

1957 Bhagwan lehrte am Sanskrit-College von Rajpur. Ein Jahr später wurde er Philosophie-Professor an der Universität von Jabalpur. Er gab diesen Posten 1966 auf, um sich ganz der Aufgabe zu widmen, den heutigen Menschen die Kunst der Meditation zu lehren. Die ganzen sechziger Jahre über reiste er kreuz und quer durch Indien und weckte als „Acharya (Der Lehrer) Rajneesh", wo immer er auftrat, den Zorn des Establishments. Er stellte die Heuchelei der Herrschenden bloß, die, um ihre Machtpositionen zu wahren, dem Menschen den Zugang zu seinem allerersten Geburtsrecht verwehren wollen, dem Recht, er selbst zu sein. Er sprach zu Zuhörerschaften, die Zehntausende zählten, und erreichte die Herzen von Millionen.

Die Bombay-Jahre

1968 Er ließ sich in Bombay nieder, wo er wohnte und lehrte. Regelmäßig hielt er „Meditations Camps" ab, meist in einem Kurort des Himalajas, und führte erstmalig seine revolutionäre „Dynamische Meditation" ein, eine Technik, die hilft, den Verstand zum Stillstand zu bringen, indem sie ihm erst zur Katharsis verhilft. Von 1970 an begann er, Menschen in „Neo-Sannyas" einzuweihen, einen Weg der Selbstverpflichtung zur Wahrheitssuche und Meditation, unterstützt durch seine Liebe und persönliche Anleitung. Er wurde zum ersten Mal „Bhagwan" genannt – „Der Gesegnete".

1970 Die ersten Sucher aus dem Westen trafen ein, darunter viele akademisch und beruflich erfolgreiche Menschen. Bhagwans Name verbreitete sich allmählich vor allem in diesen Kreisen Europas, Amerikas, Australiens und Japans. Die jährlichen Meditations-Camps gingen weiter, und 1974 wurde ein neuer Ort in Poona gefunden, wo die Lehren intensiviert werden konnten.

Die Poona-Jahre

1974 Am 21. Jahrestag von Bhagwans Erleuchtung wurde der Ashram in Poona eröffnet. Der Radius von Bhagwans Einfluß wurde weltweit. Gleichzeitig wurde er erstmalig ernsthaft krank und zog sich mehr und mehr in die Privatheit seines Zimmers zurück, aus dem er zweimal täglich erschien: morgens zur „lecture" und abends zum „darshan", wo er Sucher beriet und initiierte. Therapiegruppen, in denen sich östliches Wissen um Meditation mit westlicher Psychotherapie verbanden, wurden entwickelt. Innerhalb von zwei Jahren erwarb sich der Ashram den Ruf, das „beste Wachstums- und Therapiezentrum der Welt" zu sein.

Bhagwans Vorträge umfaßten alle großen religiösen Lehren der Welt. Gleichzeitig vermochte er, dank seiner außerordentlichen Bewandertheit in den Wissenschaften und der Philosophie des Westens und nicht zuletzt dank seines brillanten Stils und seiner glasklaren Argumentationsweise, für seine Zuhörer eine Brücke über die uralte Kluft zu schlagen, die Ost und West trennt. Seine Vorträge wurden vom Tonband in Bücher übertragen und begannen, Hunderte von Bänden zu füllen, die von

Hundertausenden gelesen wurden. Ende der siebziger Jahre war Bhagwans Ashram in Poona zu einem Mekka für moderne Wahrheitssucher geworden.
Der indische Premierminister Morarji Desai, ein gläubiger, traditioneller Hindu, vereitelte alle Versuche von Bhagwans Schülern, ihren Ashram in einen entfernten Winkel Indiens zu verlegen, wo sie mit dem Experiment beginnen konnten, Bhagwans Lehren in einer autarken Kommune zu verwirklichen, voller Meditation, Liebe, Kreativität und Lachen.

1980 Es fand ein Versuch statt, Bhagwan während einer seiner Vorträge zu ermorden. Der Attentäter gehörte einer traditionellen Hindu-Sekte an. Während alle offiziellen Religionen und Kirchen Bhagwan in Ost und West anfeindeten, hatte Bhagwan inzwischen eine Viertelmillion Schüler in aller Welt.

Eine neue Phase – Rajneeshpuram, USA

1981 1. Mai: Bhagwan hörte zu sprechen auf und trat in eine Phase „stiller Herz-zu-Herz-Kommunion" ein, während sein Körper, jetzt schwer an einem Rückenleiden erkrankt, ruhte. Er wurde von seinen Ärzten und Pflegepersonen in die USA gebracht, für den Fall einer Notoperation. Seine amerikanischen Schüler kauften eine 260 Quadratmeilen große Ranch in der Hochwüste von Oregon. Sie luden Bhagwan dorthin ein – wo er sich zusehends erholte. Um ihn her entstand mit atemberaubender Geschwindigkeit eine landschaftliche Modell-Kommune mit eindrucksvollen Ergebnissen: Verkarstetes und durch Übergrasung erodiertes Land wurde in eine blühende Oase verwandelt, die eine Stadt mit 5000 Einwohnern ernähren konnte. Zu jährlichen Sommer-

festivals, die für Bhagwans Freunde in aller Welt abgehalten wurden, kamen bis zu 20.000 Besucher, die in dieser neuen Stadt namens Rajneeshpuram untergebracht und versorgt wurden. Parallel zu dem schnellen Wachstum der Kommune in Oregon schossen überall in den größeren Ländern des Westens, inklusive Japans, große Kommunen aus dem Boden, die vom Ertrag ihrer eigenen, unabhängigen Unternehmen lebten.
Bhagwan hatte inzwischen als religiöser Führer um Dauerwohnrecht nachgesucht, wurde aber von der amerikanischen Regierung abgelehnt; einer der angegebenen Gründe war, er könne aufgrund seines öffentlichen Schweigens kein religiöser Führer sein. Gleichzeitig geriet die neugegründete Stadt Rajneeshpuram zunehmend unter juristischen Beschuß seitens der Regierung von Oregon und der christlichen Mehrheit im Staat. Die Landnutzungsgesetze, dazu gedacht, die Umwelt zu schützen, wurden zur Hauptwaffe im Kampf des Staates gegen eine Stadt, die eine enorme Anstrengung unternommen hatte, um verlorenes Land zurückzugewinnen und die Umwelt gesunden zu lassen – gegen eine Stadt, die zu einem ökologischen Modell für die ganze Welt geworden war.
Im Oktober 1984 fing Bhagwan wieder an, zu kleinen Gruppen in seinem Haus zu sprechen, und begann im Juli 1985, öffentliche Vorträge zu halten, die allmorgendlich vor Tausenden von Suchern im Rajneesh Mandir stattfanden.

1985 Am 14. September reiste Bhagwans persönliche Sekretärin mit mehreren Mitgliedern des Managements der Kommune plötzlich ab, und ein ganzes Geflecht von Straftaten, die von ihrer Gruppe begangen worden waren, kamen ans Licht. Bhagwan lud die Polizeibehörden in die Stadt ein, um den Fall an Ort und Stelle untersuchen zu lassen. Die Staatsorgane machten sich die Gelegenheit zunutze, um ihren Kampf gegen die Kommune zu beschleunigen. Am 29. Oktober wurde Bhagwan ohne Haftbefehl in Charlotte, N.C., verhaftet. Bei der Kautionsverhandlung legte man ihn in Ketten. Der Flug zurück nach Oregon, wo er dem Richter vorgestellt werden sollte, dauerte statt normalerweise fünf Stunden acht Tage. Einige Tage lang war Bhagwan spurlos verschwunden. Später enthüllte er, daß man ihn im Staatsgefängnis von Oklahoma unter dem Namen „David Washington" registriert und in eine Isolierzelle mit einem schwer Herpes-Kranken zusammengetan hatte – die Krankheit hätte für Bhagwan tödlich sein können. Noch eine Stunde vor seiner schließlichen Freilassung – nach einer zwölftägigen Dauerstrapaze in Gefängnissen und Ketten, wurde im schwerstbewachten Gefängnis Oregons in Portland, wo man Bhagwan festhielt, eine Zeitbombe gefunden. Das ganze Gefängnis wurde evakuiert – nur Bhagwan nicht, den man eine Stunde lang allein im Gebäude ließ. Mitte November drängten ihn seine Anwälte, sich zu zwei von 34 geringfügigen Verstößen gegen die US-Einwanderungsregeln, die ihm zur Last gelegt wurden, schuldig zu bekennen, um sein Leben nicht weiterhin den Methoden der amerikanischen Justiz preiszugeben. Bhagwan willigte ein. Die sogenannte „Alfred-Klausel", eine spezielle Möglichkeit der US-Justiz, erlaubte es ihm, den Vorwurf der Schuld – unter ausdrücklicher Wahrnehmung der eigenen Unschuld – geltenzulassen. Er wurde zu einer Strafe von 400.000 Dollar verurteilt und bekam die Auflage, die USA zu verlassen und fünf Jahre lang nicht zurückzukehren. Er verließ noch am selben Tag die USA mit einem Privat-Jet und flog nach Indien, wo er sich im Himalaja ausruhte.

Eine Woche später beschloß die Kommune in Oregon, auseinanderzugehen.
Kurz darauf gab Charles Turner vom US-Justizministerium auf einer Pressekonferenz eine Erklärung ab, die drei sehr aufschlußreiche Punkte enthielt. Befragt, warum die Straftaten, die man Bhagwans Privatsekretärin zur Last legte, nicht auch Bhagwan selbst angelastet würden, sagte Turner, daß für die amerikanische Regierung die Zerstörung der Kommune vorrangig war und man sich einig war, daß die Entfernung Bhagwans dies beschleunigen würde. Zweitens hätten sie keinen Märtyrer aus Bhagwan machen wollen. Drittens hätte es keinerlei Anzeichen dafür gegeben, daß Bhagwan in irgendeines dieser Verbrechen verwickelt gewesen sei.

Die Weltreise – eine Studie über Menschenrechte

Dez. 1985 Bhagwans neue Sekretärin, seine Begleiterin und sein Arzt wurden aus Indien ausgewiesen; man strich ihnen ihr Visum. Bhagwan flog nach Katmandu, Nepal, wo er seine täglichen Diskurse wiederaufnahm.

Feb. 1986 Bhagwan ging mit einem 30-tägigen Touristenvisum nach *Griechenland*, wo er in der Villa eines griechischen Filmproduzenten wohnte und zweimal täglich zu sprechen begann. Der griechisch-orthodoxe Klerus drohte der Regierung, daß Blut fließen werde, falls Bhagwan nicht aus dem Lande geworfen werde.

5. März 1986 Polizei brach mit Gewalt in die Villa ein und verhaftete Bhagwan ohne Haftbefehl. Danach schob man ihn nach Athen ab, wo die Behörden nur durch eine Summe von 25.000 Dollar dazu zu bewegen waren, ihn nicht auf ein wartendes Schiff nach Indien zu verfrachten.

6. März 1986 Im Privat-Jet flog er in die *Schweiz*, wo sein siebentägiges Visum bei der Ankunft von bewaffneter Polizei gestrichen wurde. Man erklärte ihn zur „persona non grata“ wegen „Einwanderungsvergehen in den USA“. Er flog weiter nach *Schweden*. Dort wurde er ebenso empfangen – von schwerbewaffneter Polizei. Er wurde zur „nationalen Gefahr“ erklärt und aufgefordert, sofort weiterzufliegen.

Er flog nun nach *England*. Die Piloten waren jetzt gesetzlich zu einer Ruhepause von acht Stunden verpflichtet, die Bhagwan im Erste-Klasse-Transitsaal verbringen wollte. Dies wurde ihm verwehrt. Auch in einem Hotel durfte er die Nacht nicht verbringen, sondern man sperrte ihn und seine Reisegefährten in eine kleine, schmutzige Zelle, die von Flüchtlingen überfüllt war.

7. März 1986 Bhagwan und seine Gruppe flogen nach *Irland*, wo sie Touristen-Visa erhielten. Sie fuhren in ein Hotel in Limerick; doch am nächsten Morgen traf Polizei ein und forderte sie auf, sofort das Land zu verlassen. Dies war jedoch nicht möglich, da inzwischen *Kanada* eine Landung in Gander, zum Auftanken auf dem geplanten Flug nach *Antigua* in der Karibik, verweigert hatte.

Diese sehr ungewöhnliche Verweigerung des Rechts zum Auftanken wurde trotz der Bürgschaft verfügt, die Lloyds of London gegeben hatte, daß Bhagwan das Flugzeug nicht verlassen werde.

Unter der Bedingung, daß es keinen Medienrummel geben werde, gestatteten ihm die irischen Behörden, in Irland zu bleiben, bis die Weiterreise geregelt wäre. Während der Wartezeit entzog Antigua Bhagwan die Einreiseerlaubnis. *Holland* verweigerte auf Anfrage ebenfalls die Einreise Bhagwans. Die *Bundesrepublik*

Deutschland hatte bereits in einem „vorbeugenden Erlaß“ verfügt, daß Bhagwan nicht einreisen dürfe. In *Italien* blieb ein Antrag unbeantwortet, und er ist bis heute noch nicht beantwortet...

19. März 1986 Im letzten Augenblick trat *Uruguay* mit einer Einladung auf den Plan. Und so flogen Bhagwan, seine Getreuen und Reisegefährten über Dakar, Senegal, nach Montevideo. Uruguay stellte ihm sogar Dauerwohnrecht in Aussicht. Jedoch zeigte es sich jetzt in Uruguay, warum alle Länder, in die er zuvor einreisen wollte, die Einreise verweigert hatten. Telexe mit „diplomatischen Geheiminformationen“ (alle aus Nato-Regierungsquellen), in denen von INTERPOL die Rede war und von Gerüchten über „Schmuggel, Drogenhandel und Prostitution im Umkreis Bhagwans“, waren jeweils rechtzeitig eingetroffen, um die Polizei in Alarmbereitschaft zu versetzen. Uruguay sollte bald Druck aus der gleichen Quelle zu spüren bekommen.

14. Mai 1986 Die Regierung plante, in einer Pressekonferenz bekanntzugeben, daß Bhagwan Dauerwohnrecht in Uruguay zuerkannt worden war. An diesem Abend erhielt Sanguinetti, der Präsident von Uruguay, einen Anruf aus Washington, D.C.: ihm wurde angedroht, daß die gegenwärtige US-Anleihe in Höhe von 6 Milliarden Dollar widerrufen und keine zukünftigen Gelder fließen würden, falls Bhagwan in Uruguay bliebe.
Bhagwan mußte Uruguay am 18. Juni verlassen.
Am folgenden Tag gaben Präsident Reagan und Präsident Sanguinetti in Washington ein zusätzliches US-Darlehen an Uruguay in Höhe von 150 Millionen Dollar bekannt.

19. Juni 1986 — *Jamaica* gewährte Bhagwan ein zehntägiges Visum. Nur wenige Augenblicke, nachdem er dort gelandet war, landete eine Maschine der US-Airforce mit zwei Zivilisten an Bord. Am nächsten Morgen wurde Bhagwans Gruppe das Visum gestrichen.
Bhagwan flog nun via Madrid nach Lissabon und blieb eine Zeitlang „unentdeckt". Als jedoch das Haus, in dem er sich ausruhte, von Polizei umstellt wurde, beschloß Bhagwan, am nächsten Tag nach Indien zurückzukehren. Insgesamt hatten ihn einundzwanzig Länder entweder deportiert oder ihm die Einreise verweigert.

29. Juli 1986 — Bhagwan traf in Bombay, Indien, ein, wo er sich für sechs Monate als persönlicher Gast eines indischen Freundes niederließ. In der Privatheit des Gastgeberhauses nahm er seine täglichen Vorträge auf.

4. Jan. 1987 — Bhagwan bezog dasselbe Haus im Ashram in Poona, wo er den größten Teil der siebziger Jahre gewohnt hatte. Der Polizeichef von Poona befahl Bhagwan augenblicklich, die Stadt zu verlassen, da er ein „unwillkommener Gast" sei. Durch eine sofortige Verfügung des Obersten Gerichtshofs in Bombay wurde der Befehl aufgehoben.
Der gleiche Hindu-Fanatiker, der Bhagwan im Mai 1980 während eines öffentlichen Vortrages zu ermorden versucht hatte, indem er ein Messer nach ihm warf, begann nun, aggressive Handlungen anzudrohen: er wolle mit einem Kommando von 200 karatetrainierten Männern in den Ashram eindringen, falls Bhagwan nicht aus Poona verbannt würde. Zur gleichen Zeit begannen indische Botschaften in aller Welt – und die Einwanderungsbehörden am Flughafen Bombay –, Besuchern aus dem Westen die Einreise zu verweigern, wenn sie „als Anhänger von Bhagwan Shree Rajneesh aktenkundig" sind.

6. Nov. 1987	Nach einer siebenwöchigen Krankheit, einer einfachen Entzündung, die auf keinerlei Behandlung anschlug, diagnostizierten Bhagwans Ärzte einen allgemeinen Verfall seines körperlichen Zustandes durch Vergiftung. Weitere Analysen bestätigten eine Thallium-Vergiftung. Während eines öffentlichen Vortrages stellte Bhagwan fest, er sei der Überzeugung, daß die Regierung der USA ihn während der 12 Tage, die er im November 1985 in ihrem Gewahrsam verbrachte, langsam vergiftet hat.
Feb. 1988	Zum Zeitpunkt der Drucklegung sind bereits – trotz aller Bemühungen der Regierungen der „freien Welt", Bhagwan sozusagen in einem „internen Exil" zu isolieren – Tausende seiner Schüler nach Poona gereist, um erneut mit ihrem Meister zusammenzusein.

BÜCHER VON BHAGWAN SHREE RAJNEESH AUSGABEN IN DEUTSCHER SPRACHE

Alchemie der Verwandlung, *Lotos*
(The True Sage)
Auf der Suche, *Sambuddha* (The Search)
Das Ultimatum: Der neue Mensch oder globaler Selbstmord, *Rajneesh Verlag*
Das Orangene Buch, Rajneesh Verlag/NSI
(The Orange Book)
Das Buch der Geheimnisse, *Heyne*
(The Book of the Secrets, Volume 1)
Das Klatschen der einen Hand, *Gyandip*
Der Freund, *Sannyas Verlag* (A Cup of Tea)
Der Höhepunkt des Lebens, *Rajneesh Verlag*
Die Gans ist raus! *Rajneesh Verlag*
Die Schuhe auf dem Kopf, *Lotos*
(Roots and Wings, 2. Teil)
Die verborgene Harmonie, *Sannyas Verlag*
(Neuauflage in Vorbereitung im Rajneesh Verlag)
Die verbotene Wahrheit, *Rajneesh Verlag*
(The Mustard Seed, 1. Teil)
Die Zukunft gehört den Frauen, Rajneesh Verlag
Ekstase: Die vergessene Sprache, *Herzschlag*
Esoterische Psychologie, *Sannyas*
(The Psychology of the Esoteric)
Goldene Augenblicke: Portrait einer Jugend in Indien, *Goldmann*
(Glimpses of a Golden Childhood)
Ich bin der Weg, *Sannyas* (I am the Gate)
Intelligenz des Herzens, *Herzschlag*
Jesus aber schwieg, *Sannyas*
(Come Follow Me, Volume 2)
Jesus – der Menschensohn, *Sannyas*
(Come Follow Me, Volume 3)
Kein Wasser, Kein Mond, *Herzschlag*
Komm und folge mir, *Sannyas/Droemer Knaur*
(Come Follow Me, Volume 1)
Kunst kommt nicht von Können, *Rajneesh Verlag*
Liebe beginnt nach den Flitterwochen, *Rajneesh Verlag*
Meditation: Die Kunst, zu sich selbst zu finden, *Heyne*
(Meditation: The Art of Inner Ecstasy)
Mein Weg: Der Weg der weißen Wolke, *Herzschlag*
(Neuauflage in Vorbereitung im Rajneesh Verlag)
Mit Wurzeln und Flügeln, *Lotos*
(Roots and Wings, 1. Teil)
Nicht bevor du stirbst, *Gyandip*
(Until You Die)
Nirvana: Die letzte Hürde auf dem Weg, *Rajneesh Verlag*
(Nirvana: The Last Nightmare)
Priester & Politiker – Die Mafia der Seele, *Rajneesh Verlag*
Rebellion der Seele, *Sannyas*
(The Great Challenge)
Sexualität und Aids, *Rajneesh Verlag*
Spirituelle Entwicklung und Sexualität, *Fischer*
Sprengt den Fels der Unbewußtheit, *Fischer*
(Hammer on the Rock)
Sprung ins Unbekannte, *Sannyas*
(Dimensions Beyond the Known)
Stichwort Bhagwan, *Tao Verlag*
(Texte zur Einführung; in Vorbereitung)
Tantra: Die höchste Einsicht, *Sannyas*
Tantrische Liebeskunst, *Sannyas*
(Tantra, Spirituality & Sex)
Tantra, Spiritualität und Sex, *Rajneesh Verlag*
(Tantra, Spiritualität & Sex)
Tantrische Vision, *Heyne*
Über die Grundrechte des Menschen, *Rajneesh Verlag*
Und vor Allem: Nicht Wackeln, *Fachbuchhandlung für Psychologie*
Vom Sex zum kosmischen Bewußtsein, *New Age / Thomas Martin*
Vorsicht Sozialismus, *Rajneesh Verlag*
Was ist Meditation?, *Sannyas*
(Briefe aus A Cup of Tea)
Wege der Meditation, *Tao Verlag*
(Gold Nuggets, Texte aus Uruguay, April-Juni 1986)
Yoga: Alpha und Omega I, *Gyandip*

AUSGABEN IN ENGLISCHER SPRACHE

Recent Releases
Beyond Enlightenment
Sermons in Stones
That Art Thou
The Last Testament (Volume 1)
Interviews with the World Press
The Golden Future
The Hidden Splendor
The Messiah (Volumes 1 & 2)
Commentaries on Kahlil Gibran's The Prophet
The Rajneesh Bible (Volumes 1-4)
The Rajneesh Upanishad
The Razor's Edge
The Rebellious Spirit
Zarathustra: A God That Can Dance
Zarathustra: The Laughing Prophet
Bodhidharma: The Greatest Zen Master
From Darkness to Light
Answers to the Seekers of the Path

Compilations
A New Vision of Women's Liberation
Bhagwan Shree Rajneesh On Basic Human Rights
Life, Love, Laughter
Priests and Politicians: The Mafia of the Soul
The New Man: The Only Hope for the Future
The Rebel – The Very Salt of the Earth
Beyond the Frontiers of the Mind
Death: The greatest Fiction
Gold Nuggets
Sex: Quotations from Bhagwan Shree Rajneesh
The Book
An Introduction to the Teachings of Bhagwan Shree Rajneesh
Series I from A-H
Series II from I-Q
Series III from R-Z

Biographies
Books I Have Loved
Glimpses of a Golden Childhood
Notes of a Madman

Photobiographies
The Sound of Running Water
Bhagwan Shree Rajneesh and His Work 1974-1978
This Very Place The Lotus Paradise
Bhagwan Shree Rajneesh and His Work 1978-1984

The Bauls
The Beloved (Volumes 1 & 2)

Buddha
The Book of the Books (Volumes 1-4)
The Dhammapada
The Diamond Sutra – the Vajrachchedika Prajnaparamita Sutra
The Discipline of Transcendence (Volumes 1-4)
On the Sutra of 42 Chapters
The Heart Sutra
the Prajnaparamita Hridayam Sutra

Buddhist Masters
The Book of Wisdom (Volumes 1 & 2)
Atisha's Seven Points of Mind Training
The White Lotus
the Sayings of Bodhidharma

Early Discourses and Writings
A Cup of Tea
Letters to Disciples
And Now, and Here (Volumes 1 & 2)
Beware of Socialism
Dimensions Beyond the Known
From Sex to Superconsciousness
I Am the Gate
Krishna: The Man and His Philosphy
The Long and the Short and the All
The Perfect Way
In Search of the Miraculous (Volume 1)
The Silent Explosion

Jewish Mystics
The Art of Dying
The True Sage

Jesus and Christian Mystics
Come Follow Me (Volume 1-4)
the Sayings of Jesus
I Say Unto You (Volumes 1 & 2)
the Sayings of Jesus
The Mustard Seed
the Gospel of Thomas
Theologia Mystica
the Treatise of St. Dionysius

Kabir
Ecstasy: The Forgotten Language
The Divine Melody
The Fish in the Sea is Not Thirsty
The Guest
The Path of Love
The Revolution

Meditation
The Orange Book
The Meditation Techniques of Bhagwan Shree Rajneesh

Responses to Questions
Be Still and Know
My Way: The Way of the White Clouds
The Goose is Out!
The Wild Geese and the Water
Walk Without Feet, Fly Without Wings and Think Without Mind
Zen: Zest, Zip, Zap and Zing

Sufism
Just Like That
Sufis: The People of the Path (Volumes 1 & 2)
The Perfect Master (Volumes 1 & 2)
The Secret
The Wisdom of the Sands (Volumes 1 & 2)
the Hadiqa of Hakim Sanai
Until You Die

Tantra
Tantra, Spirituality and Sex
Excerpts from The Book of the Secrets
Tantra: The Supreme Understanding
Tilopa's Song of Mahamudra
The Book of the Secrets (Volumes 1-5)
Vigyana Bhairava Tantra
The Tantra Vision (Volumes 1 & 2)
the Royal Song of Saraha

Tao
Tao: The Golden Gate (Volume 1 & 2)
Tao: The Pathless Path (Volumes 1 & 2)
the Stories of Lieh Tzu
Tao: The Three Treasures (Volumes 1-4)
the Tao Te Ching of Lao Tzu
The Empty Boat
the Stories of Chuang Tzu
The Secret of Secrets (Volumes 1 & 2)
the Secret of the Golden Flower
When the Shoe Fits
the Stories of Chuang Tzu

The Upanishads
I Am That
Isa Upanishad
Philosophia Ultima
Mandukya Upanishad
The Ultimate Alchemy (Volumes 1 & 2)
Atma Pooja Upanishad
Vedanta: Seven Steps to Samadhi
Akshya Upanishad

Western Mystics
Guida Spirituale
On the Desiderata
Philosophia Perennis (Volumes 1 & 2)
the Golden Verses of Pythagoras
The Hidden Harmony
the Fragments of Heraclitus
The New Alchemy: To Turn You On
Mabel Collins' Light on the Path

Yoga
Yoga: The Alpha and the Omega (Volumes 1-10)
the Yoga Sutras of Patanjali
Yoga: The Science of the Soul (Volumes 1-3)
Originally titled Yoga: The Alpha and the Omega

Zen
Ah, This!
Ancient Music in the Pines
And the Flowers Showered
A Sudden Clash of Thunder
Dang Dang Doko Dang
Nirvana: The Last Nightmare
No Water, No Moon
Returning to the Source
Roots and Wings
The First Principle
The Grass Grows By Itself
The Sun Rises in the Evening
Walking in Zen, Sitting in Zen
Zen: The Path of Paradox (Volumes 1-3)
Zen: The Special Transmission

Zen Masters
Hsin Hsin Ming: The Book of Nothing
Discourses on the Faith-Mind of Sosan
Neither This Nor That
The Sutras of Sosan
Take it Easy (Volumes 1 & 2)
Poems of Ikkyu
The Search – *the Ten Bulls of Zen*
This Very Body the Buddha
Hakuin's Song of Meditation

RAJNEESH MEDITATIONS-ZENTREN BUNDESREPUBLIK UND SCHWEIZ

Dörfchen Rajneesh Institut für Spirituelle Therapie und Meditation
Dahlmannstraße 9
1000 Berlin 12

Dharmadeep Rajneesh Institut für Meditation und Spirituelles Wachstum
Karolinenstraße 7-9
2000 Hamburg 6

Mani Rajneesh Meditation Center
Johannes-Büll Weg 13 II
2000 Hamburg 65

Mukto Rajneesh Meditation Center
Roonstraße 79
2800 Bremen

Rajneesh-Stadt
Stickhauserstraße 39
2882 Ovelgönne

Digant Rajneesh Meditation Center
Philippinenhöferweg 75
3500 Kassel

Purnam Rajneesh Neo-Sannyas Commune
Graf-Adolf Straße 87
4000 Düsseldorf 1

Uta Rajneesh Institut für Spirituelle Therapie und Meditation
Venloer Straße 5-7
5000 Köln 1

Pranada Rajneesh Center für Meditation und Gesundheit
Burgberg 3
5378 Blankenheim-Ahr

Prasuna Rajneesh Meditation Center
Önekinger Weg 60
5880 Lüdenscheid

Kasha Rajneesh Meditation Center
Eiserne Hand 12
6000 Frankfurt/Main

Nityam Rajneesh Meditation Center
Villa Rödelstein
6551 Altenbamberg

Sirat Rajneesh Meditation Center
Hohbuchstraße 50
7410 Reutlingen

Rajneesh Academy für Harmonische Integration und Meditation (RAHIM)
Merianstraße 12
7800 Freiburg

Sampat Rajneesh Meditation Center
Mendelweg 5
7900 Ulm/Lehr

Geha Rajneesh Meditation Center
Winterstetten 44
7970 Leutkirch

Tao Rajneesh Zentrum
Klenzestraße 41
8000 München 5

Rakesh Rajneesh Meditation Center
Am Hang 1
8063 Oberumbach

Ansumala Rajneesh Meditation Center
Kaps 1
8219 Rimsting

Nishant Rajneesh Meditation Center
c/o Tassy Familie
Hör Rain 6 Weichendorf
8608 Memmelsdorf

Premapara Rajneesh Meditation Center
Asternweg 4
8900 Augsburg 1

Schweiz

Almasta Rajneesh Meditation Center
9 Av. des Arpillères
1224 Chêne-Bougerie – Genf

Mingus Rajneesh Meditation Center
Asylstraße 11
8032 Zürich